만만하게 시작하는
왕초보 영어패턴
| 회화편 |

만만하게 시작하는
왕초보 영어패턴 회화편

2016년 12월 15일 초판 01쇄 인쇄
2025년 12월 15일 초판 15쇄 발행

지은이 이서영
발행인 손건
편집기획 김상배, 홍미경
마케팅 이언영
디자인 김선옥
제작 최승용
인쇄 선경프린테크

발행처 **LanCom** 랭컴
주소 서울시 영등포구 영신로38길 17
등록번호 제 312-2006-00060호
전화 02) 2636-0895
팩스 02) 2636-0896
홈페이지 www.lancom.co.kr

ⓒ 랭컴 2016
ISBN 979-11-87168-50-8 13740

이 책의 저작권은 저자에게 있습니다. 저자와 출판사의 허락없이
내용의 일부를 인용하거나 발췌하는 것을 금합니다.

원어민이 매일 쓰는 핵심 문형 100개로 기본 회화 단숨에 따라잡기

만만하게 시작하는 왕초보 영어 패턴

이서영 지음

회화편

LanCom
Language & Communication

 머리말

핵심 문형 100개만 알아도 웬만한 말 다 해

외국어 학습에 왕도가 따로 없다고 말들 하지만 더 쉽고 효율적인 방법은 어느 분야에나 반드시 있기 마련이다. 영어를 공부하는 사람들이 쉽게 회화를 할 수 있도록 원어민이 자주 쓰는 표현을 공식화한 것이 바로 패턴이다. 그런 의미에서 영어패턴은 영어 학습의 왕도가 될 수 있다. 영어패턴을 제대로 활용할 수만 있으면 회화 실력이 쑥쑥 올라간다.

전화를 하는 상황이 있다고 치자. '~입니다.' '~ 바꿔주실래요?' '~에게 전화 왔었다고 해주실래요?' '~ 전해주세요.' 등 전화를 위한 핵심 문형은 그렇게 많지 않다. 전화뿐만 아니라 일상 대화를 위한 핵심 문형도 생각보다 많이 필요하지는 않다.

초보자가 패턴으로 막상 공부를 하려고 했을 때, 어마어마한 패턴의 양과 다양하긴 하지만 너무 세세한 패턴까지 나와 있는 책을 보며 처음부터 좌절했을지도 모른다. 이 책은 가장 필수적인 패턴이면서 쉽게 익힐 수 있는 패턴 100개만 뽑았기 때문에 부담없이 시작할 수 있다.

여기에 나온 문형 패턴들로만 회화를 시작해도 '회화 별로 어렵지 않네'라는 생각이 들 것이다. 세부적으로 더 필요하거나 관심을 갖는 패턴들은 스스로 찾아 보면 된다. 100가지만 완벽하게 익히겠다고 마음먹고 시작하면 그다지 어렵지 않게 공부할 수 있다. 기본 패턴을 익히고 나면 그 위에 더 다양한 패턴을 쌓아가는 것이 점점 쉬워진다.

기타를 처음 칠 때 기본적인 코드만 익혀도 그럴듯한 연주를 할 수 있다. 그 코드가 익숙해지면 점점 더 어려운 코드를 익혀 더 멋진 연주가 가능하게 된다. 여러분도 이 책으로 기본적인 패턴을 익혀 말이 트인다면 이후 더 많은 패턴과 회화에 관심이 생기고 유창해질 수 있을 것이다.

구성 및 특징

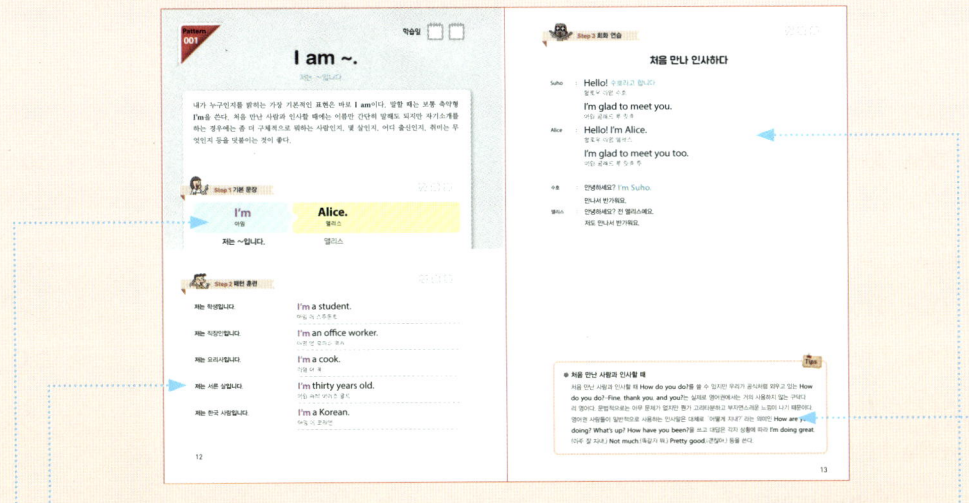

Step 1 기본 문장
패턴을 조각으로 구분하여 문장 구성이 어떻게 이루어져 있는지 한 눈에 알 수 있습니다. 대표 패턴은 반드시 암기해 두세요.

Step 2 패턴 훈련
간단한 문장으로 각 패턴이 어떻게 활용되는지 보여줍니다. 뼈대가 되는 문형에 여러 가지 다양한 단어들을 바꿔 넣어 응용하는 연습을 할 수 있도록 구성하였습니다. 최대한 반복하며 학습하도록 합니다.

Step 3 회화 연습
앞에서 배운 패턴이 실제 대화에서 어떻게 쓰이는지 알아봅니다. 한글로 표시된 문장을 앞에서 배운 패턴을 이용하여 만들어 보세요. 암기하듯 반복하며 읽어보세요. 원어민의 발음을 들으면서 연습하면 더 효과적입니다.

Tips
실생활에서 접할 수 있는 다양한 회화 표현들과 외국 문화 이해에 필요한 재미있는 이야기들을 모았습니다. 언어와 함께 기본적인 문화 정보도 알아두세요.

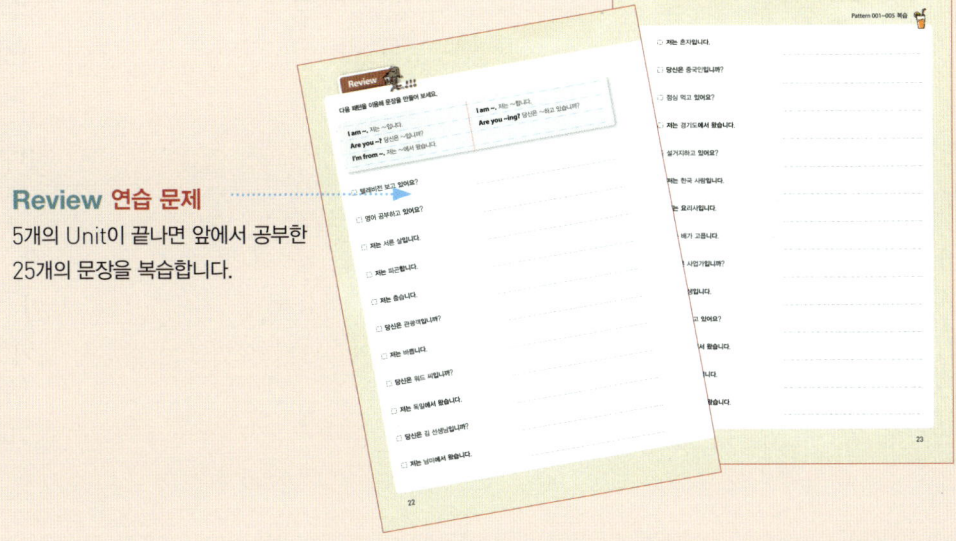

Review 연습 문제
5개의 Unit이 끝나면 앞에서 공부한 25개의 문장을 복습합니다.

차례

Unit 001 **I am ~.**	저는 ~입니다.	12
Unit 002 **I am ~.**	저는 ~합니다.	14
Unit 003 **Are you ~?**	당신은 ~입니까?	16
Unit 004 **Are you ~ing?**	당신은 ~하고 있습니까?	18
Unit 005 **I'm from ~.**	저는 ~에서 왔습니다.	20
Review		22
Unit 006 **This is my ~.**	이것은 제 ~입니다.	24
Unit 007 **I have ~.**	저는 ~을 가지고 있습니다.	26
Unit 008 **I have ~.**	저는 ~이 있습니다.	28
Unit 009 **I'll have ~.**	~를 먹겠습니다.	30
Unit 010 **Can I have ~?**	~를 주시겠습니까?	32
Review		34
Unit 011 **Do you have ~?**	~를 가지고 있습니까?	36
Unit 012 **Do you have ~?**	~는 있습니까?	38
Unit 013 **Do you have ~?**	~는 있습니까?	40
Unit 014 **I want ~.**	~를 주세요.	42
Unit 015 **I'd like ~.**	~를 주세요.	44
Review		46
Unit 016 **I'd like ~.**	~를 주세요.	48
Unit 017 **I'd like to ~.**	저는 ~하고 싶습니다.	50
Unit 018 **I'd like to ~.**	저는 ~하고 싶습니다.	52
Unit 019 **I want to ~.**	저는 ~하고 싶습니다.	54
Unit 020 **I want to ~.**	저는 ~하고 싶습니다.	56
Review		58
Unit 021 **I need ~.**	저는 ~가 필요합니다.	60
Unit 022 **I need to ~.**	저는 ~해야 합니다. / 저는 ~할 필요가 있어요.	62
Unit 023 **I have to ~.**	저는 ~해야 합니다.	64
Unit 024 **I like ~.**	저는 ~를 좋아합니다.	66
Unit 025 **I don't like ~.**	저는 ~를 좋아하지 않습니다.	68
Review		70

Unit 026	I don't ~.	저는 ~을 못합니다.	72
Unit 027	Could you ~?	~해 주시겠습니까?	74
Unit 028	Could you ~ me ...?	저에게 …을 ~해 주시겠습니까?	76
Unit 029	Could I have ~?	~를 주시겠습니까?	78
Unit 030	Would you like ~?	~ 하시겠습니까? / ~ 드시겠습니까?	80
Review			82
Unit 031	Would you ~?	~해 주시겠습니까?	84
Unit 032	Would you like to ~?	~하고 싶습니까?	86
Unit 033	May I ~?	~해도 됩니까?	88
Unit 034	May I ~?	~해도 됩니까?	90
Unit 035	Can I ~?	~할 수 있습니까?	92
Review			94
Unit 036	Can you ~?	~해줄 수 있습니까?	96
Unit 037	I can ~.	~할 수 있어요. / ~할 줄 알아요.	98
Unit 038	I can't ~.	~할 수 없습니다.	100
Unit 039	This is ~.	저는[이것은] ~입니다.	102
Unit 040	This ~ is ….	이 ~은 …입니다.	104
Review			106
Unit 041	That is ~.	그것은 ~입니다.	108
Unit 042	Is this ~?	이것은 ~입니까?	110
Unit 043	Is this ~ …?	이 ~은 …입니까?	112
Unit 044	Is this ~?	이것은 ~입니까?	114
Unit 045	Does this ~ …?	이 ~은 …합니까?	116
Review			118
Unit 046	It is ~.	그것은 ~입니다. / 그것은 ~합니다.	120
Unit 047	Is it ~?	~입니까?	122
Unit 048	There is ~.	~가 있습니다.	124
Unit 049	There's no ~.	~가 없습니다.	126
Unit 050	There's no ~.	~가 없습니다.	128
Review			130

차례

Unit 051	Is there ~?	~가 있습니까?	132
Unit 052	Are there any ~?	(혹시) ~이 있습니까?	134
Unit 053	Is it ~ today?	오늘은 ~(요일)입니까?	136
Unit 054	Is it ~ today?	오늘은 ~일입니까?	138
Unit 055	It's ~.	날씨가 ~입니다. / 날씨가 ~합니다.	140
Review			142
Unit 056	It's a ~ day, isn't it?	~(날)이지요?	144
Unit 057	It's a big ~.	~가 큽니다.	146
Unit 058	My room number is ~.	제 방 번호는 ~입니다.	148
Unit 059	~ is[are] dirty.	~이 더럽습니다.	150
Unit 060	I'm looking for ~.	~을 찾고 있습니다.	152
Review			154
Unit 061	Show me ~.	~을 보여 주세요.	156
Unit 062	Let's ~.	~합시다.	158
Unit 063	Let me ~.	제가 ~하겠습니다. / 제가 ~하게 해주세요.	160
Unit 064	I'll ~.	제가 ~하겠습니다.	162
Unit 065	I'm going to ~.	저는 ~할 겁니다.	164
Review			166
Unit 066	It's too ~.	너무 ~합니다.	168
Unit 067	It's good to ~.	~하니 좋습니다. / ~하는 것은 좋습니다.	170
Unit 068	It's better to ~.	~하는 편이 좋습니다. / ~하는 게 더 낫습니다.	172
Unit 069	It's time to ~.	~할 시간입니다.	174
Unit 070	Will you ~?	~하시겠습니까?	176
Review			178
Unit 071	Won't you ~?	~하지 않겠습니까?	180
Unit 072	Do you like ~?	~을 좋아합니까?	182
Unit 073	Don't you like ~?	~를 좋아하지 않습니까?	184
Unit 074	Do you think ~?	~라고 생각합니까?	186
Unit 075	Do I have to ~?	~해야 합니까?	188
Review			190

Unit 076 **Who is ~?**	~은 누구입니까?	192
Unit 077 **Who ~?**	누구를[누구에게] ~합니까?	194
Unit 078 **Whose ~ is that?**	저것은 누구의 ~입니까?	196
Unit 079 **What is ~?**	~은 무엇입니까?	198
Unit 080 **What will you ~?**	무엇을 ~하겠습니까?	200
Review		202
Unit 081 **What ~ would you like?**	어떤 ~이 좋겠습니까?	204
Unit 082 **What time ~?**	몇 시에 ~합니까?	206
Unit 083 **What did you ~?**	무엇을 ~했습니까?	208
Unit 084 **When can I ~?**	언제 ~할 수 있습니까?	210
Unit 085 **When does ~ …?**	언제 ~은 …합니까?	212
Review		214
Unit 086 **When are you ~?**	언제 ~할 겁니까?	216
Unit 087 **Which will you have ~?**	~중 어느 것으로 하겠습니까?	218
Unit 088 **Which do you like better, ~?**	~중 어느 것을 더 좋아합니까?	220
Unit 089 **Which ~ is …?**	…은 어느 ~입니까?	222
Unit 090 **Which ~ are you going to (…)?**	어느 ~에 …할 겁니까?	224
Review		226
Unit 091 **Which ~ do I take …?**	어느 ~를 타면 됩니까?	228
Unit 092 **Where's ~?**	~은 어디에 있습니까?	230
Unit 093 **Where can I ~?**	어디에서 ~할 수 있습니까?	232
Unit 094 **Where are you -ing?**	어디에서 ~하고 있습니까?	234
Unit 095 **How can I ~?**	어떻게 ~할 수 있습니까?	236
Review		238
Unit 096 **How long ~?**	얼마나 ~걸립니까? / ~의 길이가 얼마입니까?	240
Unit 097 **How much ~?**	~은 얼마입니까?	242
Unit 098 **How many ~ …?**	얼마나 ~합니까?	244
Unit 099 **How ~?**	~는 어떻습니까?	246
Unit 100 **How about ~?**	~는 어떻습니까?	248
Review		250

Pattern 001

I am ~.
저는 ~입니다.

내가 누구인지를 밝히는 가장 기본적인 표현은 바로 I am이다. 말할 때는 보통 축약형 I'm을 쓴다. 처음 만난 사람과 인사할 때에는 이름만 간단히 말해도 되지만 자기소개를 하는 경우에는 좀 더 구체적으로 뭐하는 사람인지, 몇 살인지, 어디 출신인지, 취미는 무엇인지 등을 덧붙이는 것이 좋다.

 Step 1 기본 문장

I'm 아임 | **Alice.** 앨리스

저는 ~입니다. | 앨리스

 Step 2 패턴 훈련

저는 학생입니다.
I'm a student.
아임 어 스투든트

저는 직장인입니다.
I'm an office worker.
아임 언 오피스 워커

저는 요리사입니다.
I'm a cook.
아임 어 쿡

저는 서른 살입니다.
I'm thirty years old.
아임 써티 이어즈 올드

저는 한국 사람입니다.
I'm a Korean.
아임 어 코리언

처음 만나 인사하다

Suho : **Hello! 수호라고 합니다.**
헐로우! 아임 수호

I'm glad to meet you.
아임 글래드 투 밋츄

Alice : **Hello! I'm Alice.**
헐로우! 아임 앨리스

I'm glad to meet you too.
아임 글래드 투 밋츄 투

수호 : 안녕하세요? **I'm Suho.**
만나서 반가워요.

앨리스 : 안녕하세요? 전 앨리스예요.
저도 만나서 반가워요.

● **처음 만난 사람과 인사할 때**

처음 만난 사람과 인사할 때 우리가 공식처럼 외우고 있는 How do you do?-Fine, thank you, and you?는 실제로 영어권에서는 거의 사용하지 않는 구닥다리 영어. 문법적으로는 아무 문제가 없지만 뭔가 고리타분하고 부자연스러운 느낌이 나기 때문에 그저 Hello! How are you? 정도로 인사한다. 영어권 사람들이 일반적으로 사용하는 인사말은 대체로 '어떻게 지내?'라는 의미인 How are you doing? What's up? How have you been?을 쓰고 대답은 각자 상황에 따라 I'm doing great.(아주 잘 지내.) Not much.(똑같이 뭐.) Pretty good.(괜찮아.) 등을 쓴다.

Pattern 002

I am ~.

저는 ~합니다.

여행을 하다 보면 들뜬 마음에 피곤한 줄도 모르고 한 군데라도 더 구경하려고 열심히 돌아다니게 된다. 물을 준비해 가지고 다니는 것이 좋지만 그렇지 못한 경우에는 목이 마르다고 해서 한국이나 미국에서처럼 아무 물이나 마셔서는 안 된다. 특히 모르는 지역에서는 더욱 그렇다. 목이 마르면 근처에 있는 사람에게 **I'm thirsty.**라고 말해 보자. 마실 물을 어떻게 구해야 할지 알려줄 것이다.

Step 1 기본 문장

I'm 아임
저는 ~합니다.

thirsty. 썰스티
목이 마른

Step 2 패턴 훈련

저는 배가 고픕니다.   **I'm hungry.**
                  아임 헝그리

저는 피곤합니다.   **I'm tired.**
                  아임 타이어드

저는 춥습니다.   **I'm cold.**
                  아임 코울드

저는 바쁩니다.   **I'm busy.**
                  아임 비지

저는 혼자입니다.   **I'm alone.**
                  아임 어론

열이 나고 머리가 아프다

Ann : **You don't look well today.**
유 돈 룩 웰 투데이

Sun-hee : **열이 좀 있고 머리가 아파요.**
아임 어 리틀 피버리쉬 앤 해브 어 해대이크

Ann : **I'm sorry to hear that. I hope you'll get well soon.**
아임 소리 투 히얼 댓. 아이 홉 유윌 겟 웰 쑨

Sun-hee : **Thanks a lot.**
쌩스 어 랏

앤 : 오늘은 몸이 좋지 않은 것 같군요.
선희 : **I'm a little feverish and have a headache.**
앤 : 안됐군요. 빨리 좋아지면 좋겠어요.
선희 : 고마워요.

● 음료수 종류

water 물	mineral water 생수	coffee 커피
tea 차	green tea 녹차	juice 주스
soft drink 청량음료	Coke 콜라	milk 우유
hot chocolate 코코아	liquor 술	beer 맥주
champagne 샴페인	wine 포도주	cocktail 칵테일
vodka 보드카		

Pattern 003

Are you ~?

당신은 ~입니까?

Are you ~? 패턴으로 상대가 질문하면 Yes, I am.(네, 그렇습니다.) / No, I'm not.(아니오, 그렇지 않습니다.) 등으로 대답한다. Yes. / No.로 간단히 대답해도 좋다. 대답이 No.이거나, Yes.라고 해도 좀 애매하거나 설명이 필요하다고 생각되는 경우에는 앞에 나온 I'm ~. 패턴을 사용하여 No, I'm Baek.(저는 백입니다.) / Yes, I'm Sunsil Park.(네, 저는 선실 박입니다.) 식으로 설명을 덧붙이는 것이 좋다.

Step 1 기본 문장

Are you
알 유
당신은 ~입니까?

Mr. Park?
미스터 박
박 선생님

Step 2 패턴 훈련

당신은 워드 씨입니까?
Are you Mrs. Ward?
알 유 미시즈 워드

당신은 김 선생님입니까?
Are you Miss Kim?
알 유 미스 김

당신은 사업가입니까?
Are you a business man?
알 유 어 비즈니스 맨

당신은 관광객입니까?
Are you a tourist?
알 유 어 토어리스트

당신은 중국인입니까?
Are you a Chinese?
알 유 어 차이니스

아버지의 친구를 만나다

Brown : Excuse me, but 김 선생님이세요?
익스큐즈 미, 벗 알 유 미스터 김

Chul-su : Oh, yes. I'm Chul-su Kim.
오, 예스. 아임 철수 김

Brown : I'm Mike Brown, a friend of your father's.
아임 마이크 브라운, 에이 프랜드 오브 유어 파더즈

Chul-su : Hello, Mr. Brown. I'm glad to see you.
헐로우, 미스터 브라운. 아임 그랫 투 씨 유

브라운 : 실례지만, are you Mr. Kim?
철수 : 네, 제가 김철수입니다.
브라운 : 저는 당신 아버지의 친구인 마이크 브라운이에요.
철수 : 안녕하세요, 브라운 선생님. 만나서 반갑습니다.

● I는 왜 항상 대문자로 쓸까?

'나'라는 뜻의 I는 ich였으나 발음하기가 어려워 ch를 버리고 i만 남게 되었다.
그런데 소문자인 i는 글씨가 작고 읽기도 어려운 데다 인쇄를 해도 잘 구분이 되지 않아 문제가 많았다.
결국 그런 불편함 때문에 문장 앞에 오나 뒤에 오나 항상 소문자 i 대신 대문자 I를 쓰게 된 것이다.

Pattern 004

Are you ~ing?

당신은 ~하고 있습니까?

상대가 지금 뭐하고 있는지 궁금할 때 사용할 수 있는 표현이다. 전화나 문자, 메신저를 주고받을 때 눈에 보이지 않는 상대의 행동이 문득 궁금해서 **What are you doing now?**(지금 뭐하고 있어?)라고 물어봤는데 상대가 대충 어물쩍 넘어가려고 하면 만화 봐? 밥 먹어? 자고 있었어? 이렇게 꼭 찍어서 물어보자. 상대가 이실직고할 수밖에 없다.

Step 1 기본 문장

Are you 알 유
taking 테이킹
a nap? 어 냅

당신은 ~하고 있습니까? 낮잠 자고

Step 2 패턴 훈련

점심 먹고 **있어요**?
Are you hav**ing** your lunch?
알 유 해빙 유어 런치

텔레비전 보고 **있어요**?
Are you watch**ing** TV?
알 유 워칭 티비

설거지하고 **있어요**?
Are you wash**ing** the dishes?
알 유 워싱 더 디시즈

영어 공부하고 **있어요**?
Are you study**ing** English?
알 유 스터딩 잉글리쉬

자전거 타고 **있어요**?
Are you rid**ing** your bike?
알 유 라이딩 유어 바이크

 Step 3 회화 연습

낮잠 자다 딱 걸렸어

Suho : Hello, This is Suho.
헬로-, 디스 이즈 수호

Alice : Hi! Suho! It's me.
하이! 수호! 잇츠 미

Suho : Alice? Long time no talk.
앨리스? 롱 타임 노 톡

Alice : What are you doing now? 낮잠 자고 있었어?
왓 알 유 두잉 나우? 알 유 테이킹 어 냅

수호 : 여보세요. 수호입니다.
앨리스 : 안녕, 수호, 나야.
수호 : 앨리스? 오랜만이다.
앨리스 : 지금 뭐하고 있어? **Are you taking a nap?**

> ● 간단한 인사
>
> Hi!와 Hello!는 일상적인 가벼운 인사로 전화에서는 '여보세요'라는 의미가 된다.
>
> **How are you?** (안녕하세요? / 어떻게 지내세요?)
> **How are you keeping?** (어떻게 지내세요?)
> **How is the world treating you?** (어떻게 지내세요?)
> **Look who's here!** (이게 누구야!)
> **Fancy meeting you here!** (여기서 만나다니 반가워요!)

Pattern 005

I'm from ~.

저는 ~에서 왔습니다.

학습일

외국 여행을 가면 **Where are you from?**(어디서 오셨어요?)이라는 질문을 흔히 듣게 된다. 외국인을 보면 어느 나라 사람인지 궁금한 것은 어딜 가나 마찬가지인 것이다. **I'm from ~.** 패턴을 사용해서 '~출신입니다'라고 대답하면 되는데, 세세하게 말하려고 애쓸 필요는 없고 나라, 도시 정도를 말하는 정도로 충분하다. 요즘은 전세계를 휩쓸고 있는 한류 덕분에 **Korea**(한국), **Seoul**(서울) 하면 어디에 가나 환영을 받는 분위기라고 한다.

 Step 1 기본 문장 ☑ ☐ ☐

I'm from	**Korea.**
아임 프럼	코리어

저는 ~에서 왔습니다.   한국에서

 **Step 2** 패턴 훈련 ☑ ☐ ☐

저는 서울에서 왔습니다.
I'm from Seoul.
아임 프럼 서울

저는 경기도에서 왔습니다.
I'm from Gyeonggi Province.
아임 프럼 경기 프라빈스

저는 부산에서 왔습니다.
I'm from Busan.
아임 프럼 부산

저는 독일에서 왔습니다.
I'm from Germany.
아임 프럼 저머니

저는 남미에서 왔습니다.
I'm from South America.
아임 프럼 사우스 어메리커

 **Step 3 회화 연습**

출신지를 묻다

Jin-woo : **Where are you from, John?**
훼얼 아 유 프럼, 쟌

John : 샌프란시스코예요.
아임 프럼 샌프랜시스코

Jin-woo : **Oh, it's famous for the Golden Gate Bridge and the cable cars, isn't it?**
오, 잇츠 훼이머스 훠 더 골든 게이트 브릿지 앤 더 케이블 카스, 이즌ㅌ 잇

John : **Yes. Have you ever been there?**
예스. 해뷰 에버 빈 데얼

진우 : 존, 어디 출신이에요?
존 : I'm from San Francisco.
진우 : 아, 금문교와 케이블카로 유명한 곳이죠. 안 그래요?
존 : 맞아요. 거기 가 본 적이 있어요?

Tips

● **세계의 여러 나라**

Australia 호주	Brazil 브라질	Canada 캐나다
China 중국	Egypt 이집트	England 영국
France 프랑스	Germany 독일	India 인도
Italy 이탈리아	Japan 일본	Malaysia 말레이시아
Mexico 멕시코	Russia 러시아	Singapore 싱가포르
Spain 스페인	Switzerland 스위스	Turkey 터키
Vietnam 베트남	the Netherlands 네덜란드	the Philippines 필리핀
the United States (of America) 미국		

Review

다음 패턴을 이용해 문장을 만들어 보세요.

I am ~. 저는 ~입니다.	I am ~. 저는 ~합니다.
Are you ~? 당신은 ~입니까?	Are you ~ing? 당신은 ~하고 있습니까?
I'm from ~. 저는 ~에서 왔습니다.	

□ 텔레비전 보고 있어요?

□ 영어 공부하고 있어요?

□ 저는 서른 살입니다.

□ 저는 피곤합니다.

□ 저는 춥습니다.

□ 당신은 관광객입니까?

□ 저는 바쁩니다.

□ 당신은 워드 씨입니까?

□ 저는 독일에서 왔습니다.

□ 당신은 김 선생님입니까?

□ 저는 남미에서 왔습니다.

Pattern 001~005 복습

- [ ] 저는 혼자**입니다**.

- [ ] 당신은 중국인**입니까**?

- [ ] 점심 먹고 **있어요**?

- [ ] 저는 경기도**에서 왔습니다**.

- [ ] 설거지하고 **있어요**?

- [ ] 저는 한국 사람**입니다**.

- [ ] 저는 요리사**입니다**.

- [ ] 저는 배가 고픕**니다**.

- [ ] 당신은 사업가**입니까**?

- [ ] 저는 학생**입니다**.

- [ ] 자전거 타고 **있어요**?

- [ ] 저는 서울**에서 왔습니다**.

- [ ] 저는 직장인**입니다**.

- [ ] 저는 부산**에서 왔습니다**.

Pattern 006

This is my ~.

이것은 제 ~입니다.

자기 물건에 대해서는 소유권을 확실히 주장하는 것이 중요하다. 특히 여행가방은 디자인이 거의 비슷하고 같은 크기, 같은 색, 같은 브랜드가 많아서 혼동하기 쉽기 때문에 다른 가방과 구별할 수 있도록 미리 확실한 표시를 해두지 않으면 공항 등에서 찾을 때 고생한다. 여행가방의 허용중량은 항공기마다 다르고, 이것을 초과하면 추가요금을 내야 하므로 미리 확인하도록 한다.

Step 1 기본 문장

This is my	suitcase.
디스 이즈 마이	숫케이스
이것은 제 ~입니다.	가방

Step 2 패턴 훈련

이것은 제 여권입니다.
This is my passport.
디스 이즈 마이 패스포-트

이것은 제 지갑입니다.
This is my wallet.
디스 이즈 마이 윌럿

이 사람은 제 친구입니다.
This is my friend.
디스 이즈 마이 프랜드

이분은 제 손님입니다.
This is my guest.
디스 이즈 마이 게스트

이것은 제 것입니다.
This is mine.
디스 이즈 마인

 **Step 3** 회화 연습

포터와의 대화

Porter : **Two pieces of luggage?**
투 피시즈 오브 러기지

Sun-hee : **No.** 그 두 개와 이것도 제 가방입니다.
노. 도즈 투 앤 디스 이즈 마이 슛케이스 투

Porter : **Taxi or bus?**
택시 오어 버스

Sun-hee : **Taxi, please.**
택시 플리이스

포터 : 짐은 두 개지요?
선희 : 아니오. **Those two and this is my suitcase, too.**
포터 : 택시입니까, 버스입니까?
선희 : 택시를 부탁합니다.

● 동물에게도 he와 she?

he는 보통 사람(남성)을 가리키지만 때에 따라 개나 고양이 등의 동물 수컷을 가리키기도 한다. 동물에게는 보통 it을 쓰는데 애완동물이 가족의 일원으로 취급되는 경우에는 he나 she를 쓴다. 영어 회화를 처음 배우는 사람은 he[hi:]와 she[ʃi:]의 발음을 혼동하기 쉽다. 회화를 할 때 자신은 he라고 말할 의도였는데 어느 사이에 she로 발음하는 때가 있어서 듣는 사람은 말하는 사람이 he인지 she인지 구별하지 못하고 만다. 정확한 발음을 연습해 두자.

Pattern 007

I have ~.

저는 ~을 가지고 있습니다.

Do you have ~?(~을 가지고 있습니까?) 또는 What do you have?(무엇을 가지고 있습니까?)라고 물으면 보통 I have ~ . 패턴으로 대답한다. '카메라 1개' 일 때는 a camera 또는 one camera라고 하고 '2개'면 two cameras라고 복수형인 -s를 붙인다는 점에 주의하자. He나 She 등이 주어가 될 땐 have 대신 has를 붙인다. He has a video camera.(그는 비디오 카메라를 가지고 있습니다.) / My wife has two bottles of perfume.(제 처는 향수를 2병 가지고 있습니다.)

Step 1 기본 문장

I have 아이 해브 | **a dictionary.** 어 딕셔너리

저는 ~을 가지고 있습니다. | 사전을

Step 2 패턴 훈련

저는 반지를 가지고 있습니다.
I have a ring.
아이 해브 어 링

저는 지정석권을 가지고 있습니다.
I have a reserved seat.
아이 해브 어 리저브드 싯

저는 시거 1상자를 가지고 있습니다.
I have one box of cigars.
아이 해브 원 박스 오브 시가즈

저는 담배 2보루를 가지고 있습니다.
I have two cartons of cigarettes.
아이 해브 투 카-튼즈 오브 시거렛츠

저는 위스키 6병을 가지고 있습니다.
I have six bottles of whisky.
아이 해브 식스 바틀즈 오브 위스키

 **Step 3** 회화 연습

볼펜을 빌리다

Mi-sun : **Do you have a ball point-pen?**
두 유 해브 어 볼포인트펜

Susan : **No, but** 연필은 가지고 있어요.
노, 벗 아이 해브 어 펜슬

Mi-sun : **Can I use it?**
캔 아이 유즈 잇

Susan : **Certainly. Here it is.**
써튼리. 히얼 잇 이즈

미선 : 볼펜 가지고 있어요?
수잔 : 아뇨, **I have a pencil.**
미선 : 써도 돼요?
수잔 : 물론이죠. 여기 있어요.

● **소지품**

소지품에 대해 말할 때에도 I have ~. 패턴을 사용하여 말한다.

a gift 선물 하나　　　　　　　　　　**a lighter** 라이터 하나
three ten-dollar bills 10달러 지폐 3장　**some small coins** 동전 조금
a ticket 표 한 장　　　　　　　　　**a boarding pass** 탑승권 한 장

Pattern 008

I have ~.

저는 ~이 있습니다.

have는 '가지고 있다'라는 뜻 말고도 아주 다양한 의미를 가지고 있다. 그래서 have만 가지고도 여러 가지의 상황에서 의사표현을 할 수 있다. 몸이 아플 때에도 have를 쓴다. 다른 사람에 대해 말하는 경우에는 He has ~, She has ~.가 된다. 앞에서도 말했지만 He나 She 등이 주어가 될 땐 have 대신 has를 붙인다는 점에 주의하자. He has a fever. (그는 열이 있다.)

 Step 1 기본 문장

I have 아이 해브 | **a fever.** 어 휘버
저는 ~이 있습니다. | 열이

 **Step 2 패턴 훈련**

저는 감기에 걸렸습니다.
I have a cold.
아이 해브 어 코울드

저는 이가 아픕니다.
I have a toothache.
아이 해브 어 투스에익

저는 통증이 있습니다.
I have a pain.
아이 해브 어 페인

저는 목이 아픕니다.
I have a sore throat.
아이 해브 어 소어 쓰로웃트

저는 설사를 합니다.
I have diarrh(o)ea.
아이 해브 다이어리어

머리가 아프다

Dick : **You look pale, Chul-su.**
유 룩 페일, 철수

Chul-su : 머리가 매우 아파요.
아이 해브 어 뱃 헤데익

Dick : **That's too bad. Is there anything I can do for you?**
댓츠 투 뱃. 이즈 데얼 애니씽 아이 캔 두 훠 유

Chul-su : **No, thank you. I'm going to see the doctor.**
노, 탱큐. 아임 고잉 투 씨 더 닥터

딕 : 철수, 안색이 안 좋아 보여요.
철수 : **I have a bad headache.**
딕 : 안됐군요. 내가 도와줄 것이 있어요?
철수 : 아뇨. 고마워요. 의사에게 가보려고요.

Tips

● **병의 증상과 약**

증상

have a headache 머리가 아프다 have a stomachache 배가 아프다
have a cough 기침이 나다 have a chill 오한이 있다
feel dizzy 어지럽다 feel queasy 메스껍다

약

cold medicine 감기약 a medicine for the cut 외상약
tablet 정제 pill 알약
powder 가루약 liquid medicine 물약
ointment 연고 bandage 붕대
laster 반창고

Pattern 009

I'll have ~.

~를 먹겠습니다.

음식을 주문할 때 What would you like to have?(무엇을 드시겠습니까?)라고 물으면 **I'll have ~.** 패턴으로 대답한다. **A steak.** 처럼 간단하게 원하는 것만 말해도 좋다. **I'll ~.** 은 **I will ~.** 의 단축형이고, 회화에서는 단축형을 많이 쓴다. he, she 등의 경우에는 **He'll have ~., She'll have ~.** 가 된다. 이때는 has를 쓰지 않는다는 점에 주의하자. **He'll have fried fish.** (그는 생선 튀김을 먹을 겁니다.)

Step 1 기본 문장

I'll have 아윌 해브 | **a stake.** 어 스테이크

저는 ~를 먹겠습니다. | 스테이크를

Step 2 패턴 훈련

저는 커피를 마시겠습니다. | **I'll have coffee, please.**
아윌 해브 커피, 플리이스

저는 맥주를 마시겠습니다. | **I'll have beer, please.**
아윌 해브 비어, 플리이스

저는 과일을 먹겠습니다. | **I'll have some fruit.**
아윌 해브 썸 프루-트

저는 오렌지 주스를 마시겠습니다. | **I'll have orange juice.**
아윌 해브 오-린지 주-스

저는 콜라를 마시겠습니다. | **I'll have coke.**
아윌 해브 콕

 **Step 3** 회화 연습

수프와 스테이크를 주문하다

Waiter : **May I take your order, please?**
메이 아이 테이크 유어 오-더, 플리이스

Sun-hee : **토마토 수프와 스테이크를 주세요.**
아윌 해브 터메이토우 숲 앤 어 스테이크

Waiter : **How would you like your steak?**
하우 우드 유 라잌 유어 스테이크

Sun-hee : **Medium, please.**
미-디엄, 플리이스

웨이터 : 주문을 하시겠습니까?
선희 : **I'll have tomato soup and a steak.**
웨이터 : 스테이크는 어떻게 익혀 드릴까요?
선희 : 미디엄으로 해주세요.

● **some**

some은 아주 편리하게 사용할 수 있는 말이다. 수량 등을 정확히 모를 때도 some을 사용하면 된다. some fruit(약간의 과일)이라고 하면 orange, melon 등으로 말할 필요가 없으니까 과일 이름을 모르거나 사고 싶은 과일이 무엇인지 정확하게 결정하지 못했을 경우에도 쓸 수 있다.
Do you have some fruit?(과일 좀 있습니까?)이라고 묻는 것도 좋다.

Pattern 010

학습일

Can I have ~?

~를 주시겠습니까?

레스토랑 등에서 '물 좀 주세요.'라고 요청할 땐 그냥 Water, please.라고만 해도 된다. 하지만 아무리 영어가 짧다 해도 남의 집이나 사무실에서 그렇게 말할 수는 없는 법! Can I have some water?(물 좀 주시겠어요?)라고 하면 훌륭한 영어가 된다. can 대신 may(~해도 좋다)를 써도 같은 의미가 된다. May I have some water?(물 좀 주시겠어요?)

 Step 1 기본 문장

Can I have / **some water?**
캔 아이 해브 / 썸 워터
~을 주시겠습니까? / 물을

 Step 2 패턴 훈련

오렌지 주스를 주시겠습니까?
Can I have some orange juice?
캔 아이 해브 썸 어린지 주스

비타민을 조금 주시겠습니까?
Can I have some vitamins?
캔 아이 해브 썸 바이터민스

와인 리스트를 주시겠습니까?
Can I have the wine list?
캔 아이 해브 더 와인 리스트

식사에 밥을 주시겠습니까?
Can I have rice with my meal?
캔 아이 해브 라이스 위드 마이 미얼

화요일 공연표 두 장을 주시겠습니까?
Can I have two tickets for the Tuesday performance?
캔 아이 해브 투 티킷츠 휘 더 튜즈데이 퍼포-먼스

 Step 3 회화 연습

음악회 표를 사다

Nam-su : 뉴욕 필하모닉 오케스트라 표 한 장 주세요.
캔 아이 해브 어 티킷 휘 더 뉴욕 필하모닉 오-키스트러

Ticket Clerk : Which date and what kind of ticket?
휘치 데이트 앤 왓 카인드 오브 티킷

Nam-su : The twenty-third of this month. I'd like to get an inexpensive seat.
더 투앤티써드 오브 디스 먼스. 아이드 라잌 투 겟 언 인익스펜시브 싯

Ticket Clerk : We have some five-dollar seats for that day. These are the most inexpensive ones.
위 해브 썸 화이브달러 싯츠 휘 댓 데이. 디즈 아 더 모스트 인익스펜시브 원즈

Nam-su : I'll take one.
아윌 테이크 원

남수 : Can I have a ticket for the New York Philharmonic Orchestra?
티켓 판매원 : 며칠 어떤 좌석을 원하십니까?
남수 : 이번 달 23일이요. 비싸지 않은 걸로 사고 싶습니다.
티켓 판매원 : 그날의 5달러짜리 좌석이 좀 있습니다. 이것이 가장 싼 자리입니다.
남수 : 그것을 한 장 주세요.

Tips

● **performance** (공연)

curtain 막	ticket 표	intermission 휴식시간
program 프로그램	theater 극장	ticket office 매표소
matinee 주간공연	soiree 야간공연	standing room 입석
reserved seat 지정석	stage 무대	opera 오페라
concert 음악회	play 연극	musical 뮤지컬
recital 독주회, 리사이틀		

33

Review

다음 패턴을 이용해 문장을 만들어 보세요.

This is my ~. 이것은 제 ~입니다.	**I have ~.** 저는 ~을 가지고 있습니다.
I have ~. 저는 ~이 있습니다.	**I'll have ~.** ~를 먹겠습니다.
Can I have ~? ~를 주시겠습니까?	

☐ 저는 콜라를 마시겠습니다.

☐ 이것은 제 여권입니다.

☐ 저는 오렌지 주스를 마시겠습니다.

☐ 이 사람은 제 친구입니다.

☐ 이것은 제 것입니다.

☐ 식사에 밥을 주시겠습니까?

☐ 저는 반지를 가지고 있습니다.

☐ 오렌지 주스를 주시겠습니까?

☐ 저는 시거 1상자를 가지고 있습니다.

☐ 저는 과일을 먹겠습니다.

☐ 저는 위스키 6병을 가지고 있습니다.

Pattern 006~010 복습

☐ **저는** 감기에 걸렸**습니다**.

☐ **저는** 이가 아픕**니다**.

☐ **저는** 통증이 있**습니다**.

☐ **저는** 목이 아픕**니다**.

☐ 와인 리스트**를 주시겠습니까?**

☐ **저는** 지정석권**을 가지고 있습니다**.

☐ **저는** 설사**를 합니다**.

☐ **저는** 담배 2보루**를 가지고 있습니다**.

☐ **저는** 커피**를 마시겠습니다**.

☐ **이것은** 제 지갑**입니다**.

☐ **저는** 맥주**를 마시겠습니다**.

☐ **이분은** 제 손님**입니다**.

☐ 비타민을 조금 **주시겠습니까?**

☐ 화요일 공연표 두 장**을 주시겠습니까?**

35

Pattern 011

Do you have ~?

~를 가지고 있습니까?

공항 세관에서 **Do you have anything to declare?**(뭐 신고할 물건이 있습니까?) 라고 물으면 대부분의 경우 **No.**라고 대답하면 된다. 개인 소지품은 **personal things** 또는 **personal effects**라고 한다. 선물은 **gifts**이다. 선물이 지나치게 많으면 과세 대상이 된다. **camera** 등을 2~3개 이상 가지고 있는 경우에는 절대로 판매하지 않을 개인용품이라는 것을 증명해야 한다. 그러므로 자기가 쓰기 위해서 새로 구입한 경우라도 새 케이스에 넣어두지 않는 것이 좋다.

 Step 1 기본 문장

Do you have
두 유 해브

a computer?
어 컴퓨터

~를 가지고 있습니까? 컴퓨터를

 **Step 2 패턴 훈련**

당신은 다른 수하물을 가지고 있습니까? **Do you have** any other baggage?
두 유 해브 애니 아더 배기쥐

당신은 신고할 것을 가지고 있습니까? **Do you have** anything to declare?
두 유 해브 애니씽 투 디클레어

당신은 선물을 가지고 있습니까? **Do you have** any gifts?
두 유 해브 애니 기프츠

당신은 담배를 가지고 있습니까? **Do you have** any cigarettes?
두 유 해브 애니 씨거릿츠

당신은 통과권을 가지고 있습니까? **Do you have** a transit card?
두 유 해브 어 트랜짓 카드

Step 3 회화 연습

세관이 소지품을 묻는다

Customs Officer	:	술, 담배, 향수를 가지고 있습니까? 두 유 해브 애니 앨커호-릭 베버리쥐즈 터배코우 오어 퍼퓸
Jin-woo	:	I have some cigarettes, but just for myself. 아이 해브 썸 씨거릿츠 벗 저스트 훠 마이셀프
Customs Officer	:	What is in this package? 왓 이즈 인 디스 패키쥐
Jin-woo	:	A Korean doll. It's a gift for a friend of mine. 에이 커리언 달. 잇츠어 기프트 훠러 프랜드 오브 마인

세관원	:	Do you have any alcoholic beverages, tobacco or perfume?
진우	:	담배를 좀 가지고 있지만, 개인용입니다.
세관원	:	이 상자에는 무엇이 들어 있습니까?
진우	:	한국 인형입니다. 친구에게 줄 선물입니다.

● **transit card** (통과승객용 카드)

도중에 급유 등의 이유로 공항에 항공기가 기항할 때, 비행기를 나와야 하는 경우가 있다. 그때 받는 카드가 **transit card**이다. 이것은 다시 탑승할 때 승무원에게 건네주어야 하는 것이기 때문에 잘 보관해 두어야 한다. **transit**인 경우에는 공항 밖으로 나갈 수 없다.

Pattern 012

Do you have ~?

~는 있습니까?

Do you have ~?는 상대가 무엇인가를 가지고 있는지 묻는 표현이다. **Do you have a film?**(필름을 가지고 있습니까?)처럼 사용하는데, 여기에서는 상점 등에서 '~(물건)이 가게에 있습니까?'의 의미로도 쓴다. 쇼핑(**shopping**)할 때에도 원하는 물건이 어디에 있는지 찾지 못할 경우가 있다. 이럴 때 점원(**clerk**)에게 **Do you have ~?**라고 물어보자.

Step 1 기본 문장

Do you have 두 유 해브
~은 있습니까?

any lipsticks? 애니 립스틱스
립스틱은

Step 2 패턴 훈련

다른 색은 있습니까?
Do you have another color?
두 유 해브 어나더 컬러

다른 무늬는 있습니까?
Do you have another pattern?
두 유 해브 어나더 패턴

더 작은 사이즈는 있습니까?
Do you have a smaller size?
두 유 해브 어 스몰러 사이즈

더 큰 사이즈는 있습니까?
Do you have a bigger size?
두 유 해브 어 비거 사이즈

빈 방은 있습니까?
Do you have any vacant rooms?
두 유 해브 애니 베이컨트 룸스

넥타이 핀을 고르다

Nam-su : 넥타이 핀은 있습니까?
두 유 해브 애니 타이 핀스

Clerk : Yes, sir. There are some in the showcase over there.
옛서. 데얼아 썸 인 더 쇼케이스 오우버 데얼

Nam-su : Well, I'll have a look.
웰, 아윌 해브어 룩

남수 : Do you have any tie-pins?
점원 : 네. 저쪽 진열대에 몇 개 있습니다.
남수 : 그럼 좀 보겠습니다.

- **size에 관하여**

    size는 한국, 미국, 유럽이 각각 다르다. 한국에서 사용하는 사이즈로 말하면 대화가 통하지 않을 수도 있으므로 그때는 **Tell me my size, please.**(제 사이즈를 가르쳐 주세요.)라고 말하면, 점원이 재 주던지, 점원의 짐작으로 **You look like a size 36.**(36 사이즈 같습니다.) / **Try this on.**(이것을 입어 보십시오.) 등으로 말해준다.

    탈의실(**fitting room**)에서 입어보고 나서 마음에 들지 않으면 사지 않아도 된다.

    그때에는 **I don't like this one.**(이것은 마음에 들지 않습니다.) / **This is too expensive.**(너무 비쌉니다.) / **Do you give discounts?**(깎아 주시겠습니까?) 등으로 말하면 된다.

Pattern 013

Do you have ~?

~는 있습니까?

카페테리아(cafeteria) 등에서 햄버거(hamburger)나 샌드위치(sandwich)를 먹을 경우, 직접 음식을 가리키며 This, please.(이것을 주세요.)라고 하면 간단히 주문할 수 있다. 혼잡하지 않으면 What's this?(이것은 뭐죠?)라고 음식에 대해 물어볼 수도 있다. 샌드위치도 지역에 따라서 여러 종류가 있다. 아이스크림(ice cream)도 Ice cream, please.(아이스크림 주세요.)라고만 주문해서는 아이스크림을 먹을 수 없는 경우도 있다. 많은 종류의 아이스크림이 있기 때문이다.

 Step 1 기본 문장

Do you have / **any soft drinks?**
두 유 해브 / 애니 소프트 드링스

~는 있습니까? / 청량음료는

 **Step 2 패턴 훈련**

샌드위치는 있습니까? **Do you have** any sandwiches?
두 유 해브 애니 샌위취즈

참치 샐러드는 있습니까? **Do you have** a tuna fish salad?
두 유 해브 어 튜나 휘쉬 샐러드

양파 수프는 있습니까? **Do you have** onion soup?
두 유 해브 어니언 숲

비프 카레는 있습니까? **Do you have** beef curry?
두 유 해브 비프 커리

핫케이크는 있습니까? **Do you have** hot cakes?
두 유 해브 핫케익스

콘플레이크를 주문하다

Nam-su : 시리얼(곡물가공식품) 있어요?
두 유 해브 애니 씨리얼스

Waiter : Yes, sir. We have two kinds of cereals, oat-meal and corn flakes.
옛서. 위 해브 투 카인즈 오브 씨리얼스, 오트밀 앤드 콘 후레익스

Nam-su : Corn flakes, please. And fried eggs with ham, please.
콘 후레익스, 플리이스. 앤드 프라이드 에그즈 위드 햄, 플리이스

남수 : **Do you have any cereals?**
웨이터 : 네, 있습니다. 오트밀과 콘플레이크 두 종류의 시리얼이 있습니다.
남수 : 콘플레이크 주세요. 그리고 계란 프라이에 햄을 곁들여 주세요.

● **hot cake**

핫케이크(hot cake)는 pan cake라고도 한다. 미국이나 유럽의 핫케이크는 두껍고 큰 데다가 3중으로 되어 있는 것이 대부분이다. 그래서 우리나라에서 먹던 한 장짜리 얇은 핫케이크만 생각하고 "Two hot cakes, please."라고 주문했다가는 6장을 먹어야 하는 황당한 경우가 생길 수도 있다. 그러므로 그 식당에서 어떤 형태로 파는지 미리 잘 알아보고 주문하는 게 좋다.

Pattern 014

I want ~.

~를 주세요.

want는 '~을 원하다 / 바라다 / 필요하다' 라는 의미를 갖는 가장 단순하고도 대표적인 단어이다. 특히 상점에서 사고 싶은 것을 찾거나 달라고 할 때에는 I want ~.라고 하면 된다. 정중한 표현을 써야 할 필요가 있다면 want 대신 I'd like ~.를 사용하여 I'd like some medicine for a cold.(감기 약 좀 주세요.)라고 한다.

Step 1 기본 문장

I want	a necklace.
아이 원트	어 네크러스
~를 주세요.	목걸이를

Step 2 패턴 훈련

이거 주세요.
I want this.
아이 원트 디스

브라이어 파이프를 주세요.
I want a brier pipe.
아이 원 어 브라이어 파이프

10센트짜리 우표 5장 주세요.
I want five 10-cent stamps.
아이 원트 파이브 텐센트 스탬프스

감기약 좀 주세요.
I want some medicine for a cold.
아이 원트 썸 메디슨 풔러 코울드

이 도시의 지도를 주세요.
I want a map of this town.
아이 원 어 맵 오브 디스 타운

 Step 3 회화 연습

우표를 사다

Sun-hee : **Excuse me, but where can I get stamps?**
익스큐즈 미, 벗 훼얼 캔 아이 겟 스탬프스

Clerk A : **The stamp window is on your left.**
더 스탬프 윈도우 이즈 온 유어 레프트

Sun-hee : **Thank you.** 20센트짜리 우표 10장 주세요.
땡큐. 아이 원트 텐 투엔티센트 스탬프스

Clerk B : **That will be two dollars.**
댓 윌 비 투 달러즈

선희 : 실례지만, 우표는 어디에서 살 수 있습니까?
점원A : 우표 창구는 왼쪽에 있습니다.
선희 : 감사합니다. **I want ten 20-cent stamps.**
점원B : 2달러 되겠습니다.

- **souvenir (기념품)**

    한국인은 기념품을 지나치게 많이 사는 편이고, 돈을 쉽게 잘 쓰는 것으로 알려져 있다. 하지만 만만하게 바가지를 씌우려는 상인을 만난다면 다음과 같은 표현을 이용해서 흥정해보자.
    Do you give discounts? (할인해 줍니까?) / **Make this cheaper.** (깎아주세요.)
    또한, 물건이 마음에 들지 않으면 다음과 같이 말한다.
    I don't like this. (이것은 마음에 들지 않습니다.)
    I don't want this. (이것을 원하지 않습니다.)

    그 밖의 물건들
    cosmetics 화장품   perfume 향수   tie 넥타이
    pendant 펜던트   earrings 귀걸이   brooch 브로치
    Havana 하바나 〈담배〉 toy 장난감

Pattern 015

I'd like ~.

~를 주세요.

I'd like ~.은 I would like ~.의 단축형으로 '~를 주세요.' 라는 의미이다. I would like[아이 우드 라익]로 발음하지 말고 I'd like[아이드 라익]으로 발음한다. [드]라는 발음은 거의 들리지 않아서 I like[아일 라익]으로 들릴 수도 있다. I want ~.보다 정중하고 공손하고 부드러운 말이기 때문에 아주 친한 사이 아니면 이렇게 말하는 것이 좋다.

 Step 1 기본 문장

I'd like some change.
아이드 라익 / 썸 체인쥐
~을 주세요. / 잔돈을 좀

 **Step 2 패턴 훈련**

환승표를 주세요. **I'd like** a transfer.
아이드 라익 어 트랜스퍼

벨트를 하나 주세요. **I'd like** a belt.
아이드 라익 어 벨트

스카프 10장을 주세요. **I'd like** ten scarves.
아이드 라익 텐 스카브즈

양복 1벌 주세요. **I'd like** a suit.
아이드 라익 어 수트

진열장 속에 있는 옷을 주세요. **I'd like** the dress in the window.
아이드 라익 더 드레스 인 더 윈도우

사과를 사다

Clerk : **May I help you, ma'am?**
메이 아이 헬프 유 맴

Sunsil : **Yes, 사과 좀 주세요.**
예스, 아이드 라잌 썸 애플즈

Clerk : **Yes, ma'am. Which kind would you like?**
예스, 맴, 휘치 카인드 우쥬 라잌

Sunsil : **Let me see. These are 30 cents each, aren't they? I'll take five of them.**
렛미씨. 디즈 아 써티 센츠 이치, 안트 데이? 아윌 테이크 파이브 오브 뎀

점원 : 어서 오세요.
선실 : 네. **I'd like some apples.**
점원 : 네, 어느 것으로 드릴까요?
선실 : 저. 이것은 1개에 30센트군요. 5개 살게요.

● **change**

　'잔돈'은 change 또는 small change라고 하는데, 항상 어느 정도의 잔돈을 준비해서 가지고 다녀야 한다. 외국의 공항에 도착하면 바로 환전(**exchange**)해서 약간의 **small change**를 교환해 두자. 잔돈이 없으면 택시요금, 팁, 버스요금 등의 지불에 어려움을 겪게 된다. 이런 경우에 여행자 수표(**traveler's check**)는 쓸 수 없기 때문이다.

Review

다음 패턴을 이용해 문장을 만들어 보세요.

Do you have ~? ~를 가지고 있습니까?	**Do you have ~?** ~는 있습니까?
Do you have ~? ~는 있습니까?	**I want ~.** ~를 주세요.
I'd like ~. ~를 주세요.	

☐ 당신은 다른 수하물을 가지고 있습니까?

☐ 당신은 담배를 가지고 있습니까?

☐ 이 도시의 지도를 주세요.

☐ 당신은 통과권을 가지고 있습니까?

☐ 다른 색은 있습니까?

☐ 다른 무늬는 있습니까?

☐ 참치 샐러드는 있습니까?

☐ 환승표를 주세요.

☐ 더 큰 사이즈는 있습니까?

☐ 빈 방은 있습니까?

☐ 샌드위치는 있습니까?

Pattern 011~015 복습

☐ 스카프 10장을 **주세요.**

☐ 양파 수프**는 있습니까?**

☐ **당신은** 선물을 **가지고 있습니까?**

☐ 핫케이크**는 있습니까?**

☐ **당신은** 신고할 것을 **가지고 있습니까?**

☐ 이거 **주세요.**

☐ 더 작은 사이즈**는 있습니까?**

☐ 브라이어 파이프**를 주세요.**

☐ 10센트짜리 우표 5장 **주세요.**

☐ 감기약 좀 **주세요.**

☐ 벨트를 하나 **주세요.**

☐ 비프 카레**는 있습니까?**

☐ 양복 1벌 **주세요.**

☐ 진열장 속에 있는 옷을 **주세요.**

47

Pattern 016

I'd like ~.

~를 주세요.

식사를 주문할 때 예를 들면 굴 프라이를 주문하는 경우 **I'd like some fried oysters.**라고 해도 좋고 **I'll have some fried oysters.**(굴 프라이를 먹겠습니다.). **Give me some fried oysters, please.**(굴 프라이를 주세요.)라고 해도 된다. 그냥 **Fried oysters, please.**(굴 프라이를 부탁합니다.)라고 주문하려는 음식의 이름만 간단하게 말할 수도 있다.

Step 1 기본 문장

I'd like / **some fried chicken.**
아이드 라익 / 썸 프라이드 치킨
~을 주세요. / 프라이드 치킨을

Step 2 패턴 훈련

프렌치 토스트를 주세요.
I'd like some French toast.
아이드 라익 썸 프렌취 토우스트

밥을 좀 더 주세요.
I'd like some more rice.
아이드 라익 썸 모어 라이스

미트 파이 한 조각 주세요.
I'd like a piece of meat pie.
아이드 라익 어 피스 오브 밋트 파이

약한 칵테일을 주세요.
I'd like a weak cocktail.
아이드 라익 어 위크 칵테일

디저트를 좀 주세요.
I'd like some dessert.
아이드 라익 썸 디저트

 **Step 3** 회화 연습

정식을 주문하다

Waitress : **Are you ready to order, sir?**
아 유 레디 투 오-더 써

Chul-su : **Yes, A 정식을 주세요.**
예스, 아이드 라잌 유어 에이 디너

Waitress : **Yes, sir. You have a choice of fruit juice or shrimp cocktail.**
옛서. 유 해브 어 쵸이스 오브 프룻 주스 오어 쉬림프 캌테일

Chul-su : **Give me the cocktail, please.**
기브 미 더 캌테일, 플리이스

웨이트리스 : 주문을 결정하셨습니까?
철수 : 네. **I'd like your "A" dinner.**
웨이트리스 : 알겠습니다. 과일 주스나 새우 캌테일을 선택하실 수 있습니다.
철수 : 캌테일을 주세요.

Tips

● 여러 가지 요리

boiled rice 밥
pot stew 찌개
cold noodles 냉면
rice cake soup 떡국
curry and rice 카레라이스
sandwich 샌드위치
barbecue 바비큐

side dish 반찬
roast meat 불고기
noodle 국수
dumpling 만두
pizza 피자
hamburger 햄버거
steak 스테이크

Pattern 017

I'd like to ~.

저는 ~하고 싶습니다.

'~하고 싶다'고 말할 때에는 **I'd like to ~.** 를 쓰면 된다. **I'd like to ~.** 는 **I want to ~.** 보다 정중한 말이다. 여행을 다니면서 구입한 물건들을 가지고 다니는 것은 불편하다. 그때는 우체국(**post office**)에 가서 한국으로 부치는 것도 좋은 방법이다. 외국 우표(**stamp**)도 한국에서는 기념이 되므로 소포를 부쳐서 여장을 가볍게 하자. 소포(**parcel**)를 부칠 때에는 세관신고서(**customs declaration**)에 내용물과 값을 써 넣어야 하는데 자세히 쓸 필요는 없다.

 Step 1 기본 문장

I'd like to | **send these parcels to Korea.**
아이드 라잌 투 | 샌드 디즈 파슬스 투 코리어
저는 ~하고 싶습니다. | 이 소포를 한국으로 보내고

 **Step 2 패턴 훈련**

화이트 씨와 통화하고 싶습니다.
I'd like to speak to Mr. White.
아이드 라잌 투 스피크 수 미스터 화이트

당신을 방문하고 싶습니다.
I'd like to call on you.
아이드 라잌 투 콜 온 유

선물을 좀 사고 싶습니다.
I'd like to buy some souvenirs.
아이드 라잌 투 바이 썸 서베니어즈

상의를 주문하고 싶습니다.
I'd like to order a jacket.
아이드 라잌 투 오-더 어 재킷

이 스커트를 입어보고 싶습니다.
I'd like to try on these skirts.
아이드 라잌 투 트라이 온 디즈 스커츠

 Step 3 회화 연습

소포를 항공편으로 보내다

Sunsil : **이 소포를 한국으로 보내고 싶습니다.**
아이드 라잌 투 샌드 디스 파슬 투 코리어

Clerk : **Air mail or sea mail?**
에어 메일 오어 씨 메일

Sunsil : **How long does it take by sea mail?**
하우 롱 다지 잇 테이크 바이 씨 메일

Clerk : **About 20 days.**
어바웃 투엔티 데이즈

Sunsil : **That's too long. Please send it by air mail, then.**
댓츠 투 롱. 플리이스 센드 잇 바이 에어 메일, 덴

선실 : **I'd like to send this parcel to Korea.**
점원 : 항공편과 배편 가운데 어느 것으로 하시겠습니까?
선실 : 배편으로는 도착하는데 얼마나 걸립니까?
점원 : 20일 정도입니다.
선실 : 너무 길군요. 그러면 항공편으로 부탁합니다.

Tips

● **try on**(입어보다)
외국에 나가서도 쇼핑할 때에는 옷, 구두, 모자 등 몸에 걸치는 것은 모두 **I'd like to try this on.**(이것을 입어보고/신어보고/써보고 싶습니다.)이라고 말하고 구입하기 전에 꼼꼼하게 점검하는 것이 좋다. 물론 점원 쪽에서 먼저 **Please try it on.**(그것을 입어 보십시오.)이라고 하는 경우도 있다.

Pattern 018

I'd like to ~.

저는 ~하고 싶습니다.

전화를 걸 때는 수화기(**receiver**)를 들고 **Seoul, Korea, please.**(한국, 서울 부탁합니다.)라고 하면 되지만 **I'd like to make a call to Seoul, Korea.**라고 하면 훨씬 더 공손하고 부드러운 표현이 된다. 여행을 다니다 보면 아무래도 국제전화는 부담이 되기 쉽다. 하지만 돈이 부족할 때라도 꼭 해야 할 전화라면 **collect call**(수신인 부담 전화)을 이용하면 된다.

Step 1 기본 문장

I'd like to 아이드 라익 투
저는 ~하고 싶습니다.

make a call to Seoul, Korea. 메이크 어 콜 투 서울, 코리어
한국, 서울로 전화하고

Step 2 패턴 훈련

덴버에 장거리전화를 하고 **싶습니다**.
I'd like to make a long distance call to Denver.
아이드 라익 투 메이크 어 롱 디스턴스 콜 투 덴버

싱글 룸을 예약하고 **싶습니다**.
I'd like to reserve a single room.
아이드 라익 투 리저브 어 싱글 룸

제 코트를 맡기고 **싶습니다**.
I'd like to check my coat.
아이드 라익 투 체크 마이 코우트

제 귀중품을 맡기고 **싶습니다**.
I'd like to check my valuables.
아이드 라익 투 체크 마이 밸류어블즈

제 주문을 취소하고 **싶습니다**.
I'd like to cancel my order.
아이드 라익 투 캔슬 마이 오-더

 **Step 3 회화 연습**

공중전화로 장거리전화를 걸다

| Operator | : | Operator.
아퍼레이터 |
|---|---|---|
| Chul-su | : | 미주리주 캔사스시로 전화 걸고 싶습니다. The number is 356-5766.
아이드 라잌 투 메이크어 콜 투 캔저스 시티 미주어리. 더 넘버 이즈 쓰리 파이브 식스 파이브 세븐 식스 식스 |
| Operator | : | What number are you calling from?
왓 넘버 아 유 콜링 프럼 |
| Chul-su | : | 337-4200(number of pay phone).
쓰리 쓰리 세븐 풔 투 지로 지로(넘버 오브 페이 폰) |
| Operator | : | One moment, please. Deposit seventy-five cents for the first three minutes, please.
원 모먼트, 플리이스. 디파짓 세븐티 파이브 센츠 풔더 풔스트 쓰리 미닛츠, 플리이스 |

교환원	:	교환입니다.
철수	:	I'd like to make a call to Kansas City, Missouri. 번호는 356-5766입니다.
교환원	:	당신 전화번호는 몇 번입니까?
철수	:	337-4200입니다. (공중전화 번호)
교환원	:	잠시 기다려 주세요. 최초 3분간 통화료 75센트를 넣어 주세요.

- **check**

  호텔에서 귀중품(valuables)을 여행 가방(suitcase)에 그냥 넣어두었다가 잃어버리면 여간 번거롭지 않다. 게다가 여행하는 사람 입장에서는 짧은 체류 기간 동안에 그런 일로 시간을 낭비하고 싶지도 않을 것이고, 신고를 한다 해도 되찾을 가능성도 거의 없다. 그러므로 귀중품이 있다면 무조건 **check**(맡기는)하는 것이 좋다. 호텔의 메이드(**maid**) 중에도 여행 가방에 손을 대는 사람도 있다고 하므로 주의하자.

Pattern 019

I want to ~.

저는 ~하고 싶습니다.

'~하고 싶다'는 표현으로 앞에서 **I'd like to ~.**를 배웠다. 이 말이 기억나지 않거나 격식을 차릴 필요가 없는 친구 사이에서는 그냥 간단하게 **I want to ~.**를 쓸 수 있다. '그(그녀)는 ~하고 싶어 한다.'는 **He[She] wants to ~.**로 **want**에 −s를 붙이는 것에 주의하자. **He wants to go to the concert.** (그는 그 음악회에 가고 싶어 한다.)

 Step 1 기본 문장

| **I want to** | **take a taxi.** |
| 아이 원 투 | 테이크 어 택시 |

저는 ~하고 싶습니다.　　　　택시를 타고

 **Step 2 패턴 훈련**

저는 자유의 여신상을 보고 싶습니다.
I want to see the Statue of Liberty.
아이 원 투 씨 더 스태츄 오브 리버티

저는 박물관을 방문하고 싶습니다.
I want to visit the museum.
아이 원 투 비짓 더 뮤지엄

저는 좀 쉬고 싶습니다.
I want to have a rest.
아이 원 투 해브 어 레스트

저는 사진을 찍고 싶습니다.
I want to take some pictures.
아이 원 투 테이크 썸 픽춰스

저는 이 편지를 부치고 싶습니다.
I want to mail this letter.
아이 원 투 메일 디스 레터

54

 **Step 3 회화 연습**

은행에서 원화를 달러로 바꾸다

Chul-su : 이 현금을 달러로 바꾸고 싶습니다. What's the exchange rate?
아이 원 투 체인쥐 디스 캐쉬 투 달러즈. 홧츠 디 익스체인쥐 래잇

Clerk : You have Korean won, I see.
유 해브 코리언 원, 아이 씨

The rate is 1,200 won to one dollar.
더 레이트 이즈 원 사우즌 투 헌드레드 원 투 원 달러

How much won do you want to change?
하우 머취 원 두 유 원 투 체인쥐

Chul-su : Fifty thousand won.
피프티 사우즌 원

철수 : I want to change this cash to dollars. 환율은 얼마입니까?
은행원 : 원화를 가지고 계시군요.
환율은 달러당 1,200원입니다.
원화를 얼마나 바꾸고 싶습니까?
철수 : 5만원입니다.

 Tips

● **taxi**

택시는 taxi cab이라고도 하고, 미국에서는 그냥 cab이라고 한다. 택시는 한국에서처럼 돌아다니는 것은 드물고 길모퉁이 등에 주차해 있는 것이 보통이다.
택시 주차 장소를 모를 때에는 Where can I take a taxi?(어디에서 택시를 탈 수 있습니까?)라고 물어보자.

Pattern 020

I want to ~.

저는 ~하고 싶습니다.

바라는 것이 구체적인 물건이 아니고 어떤 동작이나 행동일 경우에는 **want**에 **to**를 더해 '~하는 것을 원한다/하고 싶다' 라고 표현한다. 상대방에게 자기가 하고 싶은 일을 강하게 요구하지 않으면서 부드럽게 알리는 표현이다. 보통 회화에서는 **want to**를 줄여서 **wanna**라고 말하기도 한다. I wanna dance.(춤추고 싶어.)

 Step 1 기본 문장

I want to	dance.
아이 원 투	댄스
저는 ~하고 싶습니다.	춤 추고

 Step 2 패턴 훈련

집에 가고 **싶어요**.
I want to go home.
아이 원 투 고우 홈

쇼핑하러 가고 **싶어요**.
I want to go shopping.
아이 원 투 고우 쇼핑

고기 요리를 좀 먹고 **싶어요**.
I want to eat some meat.
아이 원 투 잇 썸 밋트

당신을 소개하**고 싶어요**.
I want to introduce you.
아이 원 투 인트러듀스 유

그걸 사고 **싶어요**.
I want to buy it.
아이 원 투 바이 잇

소개를 하다

Sun-hee : 너를 앨리스에게 소개하고 싶어.
아이 원 투 인트러듀스 유 투 앨리스

Alice, This is Park Suho.
앨리스, 디스 이즈 박 수호

Alice : Hi, Suho. Nice to meet you.
하이, 수호 나이스 투 밋 유

Suho : Hi, I'm glad to meet you.
하이, 아임 그래드 투 밋 유

선희 : I want to introduce you to Alice.
앨리스, 얘는 박수호야.

앨리스 : 안녕하세요, 수호. 만나서 반가워요.

수호 : 안녕하세요, 만나서 반가워요.

● 처음 만나는 사람과 인사할 때

외국여행을 가면 만나는 모든 사람이 다 초면이지만 돌아다니다 보면 같은 사람을 여러 번 마주칠 수도 있고 혹시 연고가 있는 경우에는 파티나 조촐한 식사 자리에 초대를 받아갈 수도 있다. 누군가를 소개 받았을 때의 인사 표현은 아주 다양하지만 보통 **I'm glad to meet you. / Nice to meet you.** 정도로 충분하다. 낯이 익은 사람을 소개 받으면 **I belive we've met.**(우리 전에 만난 적이 있죠?)라고 상대방을 기억하고 있다는 것을 표현하는 것도 기분좋은 일이 될 것이다. **I've heard a lot about you.**(얘기 많이 들었어요.)라고 덧붙여 관심을 더 보여주면 상대가 더 기분 좋아 하지 않을까?

Review

다음 패턴을 이용해 문장을 만들어 보세요.

I'd like ~. ~를 주세요.	**I'd like to ~.** 저는 ~하고 싶습니다.
I'd like to ~. 저는 ~하고 싶습니다.	**I want to ~.** 저는 ~하고 싶습니다.
I want to ~. ~하고 싶습니다.	

☐ 제 주문을 취소**하고 싶습니다**.

☐ 밥을 좀 더 **주세요**.

☐ **저는** 사진을 찍고 **싶습니다**.

☐ 약한 칵테일을 **주세요**.

☐ 집에 가고 **싶어요**.

☐ 고기 요리를 좀 먹고 **싶어요**.

☐ 디저트를 좀 **주세요**.

☐ 화이트 씨와 통화**하고 싶습니다**.

☐ 당신을 방문**하고 싶습니다**.

☐ 선물을 좀 사고 **싶습니다**.

☐ 상의를 주문**하고 싶습니다**.

Pattern 016~020 복습

□ 이 스커트를 입어보고 **싶습니다**.

□ 그걸 사고 **싶어요**.

□ 덴버에 장거리전화를 **하고 싶습니다**.

□ 싱글 룸을 예약**하고 싶습니다**.

□ 제 귀중품을 맡기고 **싶습니다**.

□ 미트 파이 한 조각 **주세요**.

□ **저는** 자유의 여신상을 보고 **싶습니다**.

□ **저는** 박물관을 방문**하고 싶습니다**.

□ **저는** 좀 쉬고 **싶습니다**.

□ 제 코트를 맡기고 **싶습니다**.

□ 프렌치 토스트**를 주세요**.

□ **저는** 이 편지를 부치고 **싶습니다**.

□ 쇼핑하러 가고 **싶어요**.

□ 당신을 소개하고 **싶어요**.

Pattern 021

I need ~.
저는 ~가 필요합니다.

필요한 것을 달라고 할 때, 없는 것을 구해 달라고 부탁할 때, 상점에서 물건을 찾을 때 등 다양하게 쓸 수 있는 표현이다. 구체적인 사물뿐만 아니라 충고, 도움, 미용, 시간처럼 형태가 없는 추상적인 대상에도 쓸 수 있다. I want ~ 패턴보다 좀 더 부드럽고 편안한 표현이지만 필요에 대한 요구는 좀 더 강하다.

Step 1 기본 문장

I need 아이 니드 — 저는 ~가 필요합니다.

your help. 유어 핼프 — 당신의 도움이

 Step 2 패턴 훈련

휴대용 음식이 좀 **필요해요**.
I need some portable food.
아이 니드 썸 포터블 푸드

저만의 컴퓨터가 **필요해요**.
I need my own computer.
아이 니드 마이 오운 컴퓨터

시간이 좀 **필요해요**.
I need some time.
아이 니드 썸 타임

변화가 **필요해요**.
I need a change.
아이 니드 어 체인지

면도해야 **해요**.
I need a shave.
아이 니드 어 셰이브

 Step 3 회화 연습

면도기를 빌리다

Suho : 너의 도움이 필요해.
       아이 니드 유어 핼프

Alice : Sure. What's the matter?
        슈어 홧츠 더 매터

Suho : I need a shave.
       아이 니드 어 셰이브

Alice : There is a razor in the bag.
        데어리즈 어 래이저 인 더 백

수호 : I need your help.
앨리스 : 좋아. 뭐가 문젠데?
수호 : 면도해야 해.
앨리스 : 가방에 면도기 있어.

● **want와 need의 차이 - ①**

want
위급하거나 일상생활에 꼭 필요한 것은 아니지만 갖고 싶은 욕심이 있는 것을 의미한다. I want ~라고 말하면 원어민들은 당신이 뭔가를 요청한다는 것을 알지만 당장 급하거나 중대한 일이라고는 생각하지 않는다. 사물, 사람, 지식, 정보, 상태, 감정 등 거의 모든 것을 대상으로 한다.

I want an apple. (사과 먹고 싶어요.)
I want you to know how I feel. (내 기분이 어떤지 네가 알면 좋겠어.)
I will want bibimbap for dinner. (저녁으로 비빔밥을 원해요.)

Pattern 022

I need to ~.

저는 ~해야 합니다. / 저는 ~할 필요가 있어요.

필요한 것이 어떤 행동이나 동작일 경우에는 **to** + 동사를 사용하여 '~하는 것, ~하기'라는 뜻을 가진 명사형으로 만들어 주어야 한다. 나머지는 **I need** 패턴과 거의 똑같은 의미로 쓸 수 있다. 나에게 무엇이 필요하고, 어떻게 해줬으면 좋겠는지 상대에게 부드럽게 전달하는 표현이다. **I want to ~.** 보다 필요한 정도가 더 강하게 들린다.

Step 1 기본 문장

I need to take a rest.
아이 니드 투 테이크 어 레스트
저는 ~해야 합니다. 쉬어야

Step 2 패턴 훈련

3시까지 도착**해야 해**.
I need to arrive by three.
아이 니드 투 어라이브 바이 쓰리

비행기 예약을 취소**할게요**.
I need to cancel my flight.
아이 니드 투 캔슬 마이 플라잇

너랑 얘기 좀 **해야겠어**.
I need to speak with you.
아이 니드 투 스피크 위드 유

화장실 가**야 해요**.
I need to use the bathroom.
아이 니드 투 유즈 더 배쓰룸

눈을 좀 쉬게 **해야 해**.
I need to relax my eyes.
아이 니드 투 릴랙스 마이 아이즈

 **Step 3** 회화 연습

아플 땐 휴식이 필요해

Suho : **Your hand feels cold.**
유어 핸드 필즈 콜드

Alice : **My cough's getting worse.**
마이 코-프스 게팅 월스

Suhol : **Maybe you have a cold.**
메이비 유 해버 콜드

Alice : **난 좀 쉬어야 해.**
아이 니드 투 테이크 어 레스트

수호 : 손이 차갑네.
앨리스 : 기침이 점점 심해지고 있어.
수호 : 감기 들었나 보구나.
앨리스 : **I need to take a rest.**

● **toilet / bathroom**

미국 영어에서는 화장실을 갖춘 공간을 bathroom이라 하고, toilet이라는 말은 절대 쓰지 않는다. 하지만 영국 영어에서는 toilet이라는 표현을 사용한다. 개인 주택에 있는 화장실 공간은 lavatory라고도 하고, 비격식적으로는 loo라고도 한다. 집 안의 아래층에 하나 더 있는 화장실은 cloakroom이라고 한다.

공공장소에 있는 화장실은 restroom, ladies' room, women's room 또는 men's room 이라고도 한다. 특히 캐나다에서는 washroom 이라는 말도 쓴다. toilets, Gents(남성용) 또는 Ladies (여성용) 같은 단어들은 화장실이 여러 개 있는 작은 방이나 건물을 가리킬 때 쓴다.

Pattern 023

I have to ~.

저는 ~해야 합니다.

뭔가를 해야 한다고 말할 때 쓸 수 있는 표현은 have to와 should가 있는데 둘 다 의미는 같지만 뉘앙스가 약간 다르다. have to는 꼭 하지 않으면 안 된다는 강제적인 느낌이 강하고 should는 의무나 당연히 그래야 한다는 느낌이 강하다. 상황에 어울리는 뉘앙스를 가진 표현을 골라 쓸 수 있다면 의미 전달이 더 분명해지고 회화의 질이 높아진다.

 Step 1 기본 문장

I have to	**go.**
아이 햅투	고우
저는 ~해야 합니다.	가야

 **Step 2 패턴 훈련**

화장실에 가야 해요.
I have to go to the bathroom.
아이 햅투 고우 투더 배쓰룸

새 공책을 하나 사야 해요.
I have to buy a new notebook.
아이 햅투 바이 어 뉴 노트북

저녁 해야 해요.
I have to make dinner.
아이 햅투 메익 디너

마지막 버스를 타야 해요.
I have to make the last bus.
아이 햅투 메익 더 래슷 버스

숙제해야 해요.
I have to do homework.
아이 햅투 두 홈워크

64

집에 일찍 가는 이유

Suho : **Let's play the next game.**
렛츠 플레이 더 넥스트 게임

Alice : **집에 가야 해.**
아이 햅투 고우

Suho : **Why are you leaving so early?**
와이 아 유 리빙 소 얼리

Alice : **I have to do my homework.**
아이 햅투 두 마이 홈워크

수호 : 다음 게임하자.
앨리스 : **I have to go.**
수호 : 왜 이렇게 일찍 가려구?
앨리스 : 숙제해야 해.

● **want와 need의 차이 – ②**

need
want보다 더 중요하고 삶에 필수적으로 요구되는 것을 의미한다. I need ~라고 말하면 원어민들은 그것이 급하고 중요하고 필수적인 것이라고 생각한다. 그러므로 상대가 꼭 들어줘야 할 중요한 일이라면 want 대신 need를 사용하자.
want처럼 사물, 사람, 지식, 정보, 상태, 감정 등 거의 모든 것을 대상으로 한다.

I need a doctor. (의사가 필요해요.)
I need money for rent. (빌릴 돈이 필요해요.)
I need your help for meeting. (회의에 당신 도움이 좀 필요해요.)

Pattern 024

I like ~.

저는 ~를 좋아합니다.

음식 등이 마음에 들면 확실하게 I like ~.라고 하자. 한국인은 좋아하지 않아도 웬만하면 상대의 기분을 고려해서 그냥 I like ~.라고 하는 것이 거의 일반적인데 절대로 좋은 습관은 아니다. 감정 표현이 솔직한 문화권에서는 이해할 수 없는 일이기도 하다. 좋아하지 않으면 I don't like ~.라고 말하는 것이 좋다. 그리고 그것은 상대에게 실례가 되는 일도 아니다.

 Step 1 기본 문장

I like	boiled eggs.
아이 라익	보일드 에그즈
저는 ~을 좋아합니다.	삶은 달걀을

 Step 2 패턴 훈련

저는 스크램블드에그를 좋아합니다.
I like scrambled eggs.
아이 라익 스크램블드 에그즈

저는 계란 프라이를 좋아합니다.
I like fried eggs.
아이 라익 프라이드 에그즈

저는 오렌지 주스를 좋아합니다.
I like orange juice.
아이 라익 어린쥐 주스

저는 포크 소시지를 좋아합니다.
I like pork sausage.
아이 라익 포크 소시지

저는 이 도시를 좋아합니다.
I like this city.
아이 라익 디스 시티

 **Step 3** 회화 연습

아이스크림을 권하다

Sunsil : **How about some ice cream?**
하우 어바웃 썸 아이스 크림

Nancy : **Oh, 매우 좋아합니다.**
오, 아이 라잌 잇 베리 머취

Sunsil : **… How is it?**
하우 이즈 잇

Nancy : **Very delicious! Thank you.**
베리 딜리셔스! 땡큐

Sunsil : **I'm glad you liked it.**
아임 글래드 유 라잌드 잇

선실 : 아이스크림은 어떻습니까?
낸시 : 오, **I like it very much.**
선실 : 어때요?
낸시 : 매우 맛있어요. 고마워요.
선실 : 마음에 드셨다니 기뻐요.

● **기타 음식들과 egg**

기타 음식들

beef 쇠고기	**pork** 돼지고기	**chicken** 닭고기
mutton 양고기	**cabbage** 양배추	**spinach** 시금치
mashed potato 으깬 감자	**porridge with milk** 우유를 넣은 오트밀	

egg
계란 요리는 여러 가지가 있다. 삶은 계란이라도 삶는 시간을 지정한 **three-minute egg**, **four-minute egg** 등이 있다. 자신이 좋아하는 스타일을 알아두면 편리하다. 계란 프라이(**fried eggs**)는 잠 자코 있으면 계란 2개가 보통이다. 스크램블드에그(**scrambled egg**)를 좋아할 때는 'scramble' 이라 고 주문하지 않으면 'fried egg' 가 나올 수 있다.

Pattern 025

I don't like ~.

저는 ~를 좋아하지 않습니다.

'좋아하지 않는다, 마음에 들지 않는다'는 **I don't like ~.** 라고 한다. 예약한 호텔 방 등이 마음에 들지 않을 때는 **I don't like this[the] room.**(저는 이[그] 방이 마음에 들지 않습니다.) 이라고 말하면 다른 방으로 바꾸어 주기도 한다. 음식이 마음에 들지 않을 때는 **I don't like this.**(이것을 좋아하지 않습니다.) **What's this?**(이것은 무엇입니까?)라고 하고, 그 이름을 알아두는 것도 좋다. 반대로 마음에 들 때는 **This is very good. What is this?**(맛있습니다. 이게 뭐예요?)라고 한다.

 Step 1 기본 문장

I don't like	bacon.
아이 돈 라익	베이컨
저는 ~를 좋아하지 않습니다.	베이컨을

 **Step 2** 패턴 훈련

저는 토마토를 좋아하지 않습니다.
I don't like tomatoes.
아이 돈 라익 터메이터즈

저는 이 브로치를 좋아하지 않습니다.
I don't like this brooch.
아이 돈 라익 디스 브로우취

저는 이 스커트를 좋아하지 않습니다.
I don't like this skirt.
아이 돈 라익 디스 스커트

저는 이 방을 좋아하지 않습니다.
I don't like this room.
아이 돈 라익 디스 룸

저는 이 색을 좋아하지 않습니다.
I don't like this color.
아이 돈 라익 디스 컬러

 **Step 3 회화 연습**

취미를 말하다

Helen : **What's your hobby?**
 핫츠 유어 하비

Chul-su : **My hobby is listening to music.**
 마이 하비 이즈 리스닝 투 뮤직

Helen : **What kind of music do you like?**
 왓 카인드 오브 뮤직 두 유 라익

Chul-su : **I like popular music, but** 재즈는 좋아하지 않습니다.
 아이 라익 파퓰러 뮤직, 벗 아이 돈 라익 재즈

헬렌 : 취미가 뭐예요?
철수 : 내 취미는 음악 감상이에요.
헬렌 : 어떤 종류의 음악을 좋아하세요?
철수 : 대중음악을 좋아하지만, **I don't like jazz.**

 **Tips**

● 단축형 : 조동사 + not

aren't = are not   **can't** = can not   **don't** = do not 등

I am not의 생략형은 I'm not이 보통이지만, 사람에 따라서는 **I ain't**라고 하기도 한다.
will not의 단축형은 **won't**로 철자와 발음이 바뀌는 데 주의하고, **may not**은 **mayn't** 형으로 존재는 하지만 거의 쓰이지 않는다. **shan't**(= shall not)는 영국 영어에서만 쓰이고 미국 영어에서는 쓰이지 않는다. **be, have, will, shall, would, should** 등의 (조)동사는 2가지의 생략형이 있다.
She is not = She isn't와 She's not, He will not = He won't와 He'll not 등

Review

다음 패턴을 이용해 문장을 만들어 보세요.

I need ~. 저는 ~가 필요합니다.	**I need to ~.** 저는 ~해야 합니다.
I have to ~. 저는 ~해야 합니다.	**I like ~.** 저는 ~를 좋아합니다.
I don't like ~. 저는 ~를 좋아하지 않습니다.	

☐ 숙제해**야 해요**.

☐ 저만의 컴퓨터**가 필요해요**.

☐ 시간**이** 좀 **필요해요**.

☐ 변화**가 필요해요**.

☐ 면도해**야 해요**.

☐ 3시까지 도착**해야 해**.

☐ **저는** 토마토**를 좋아하지 않습니다**.

☐ **저는** 이 스커트**를 좋아하지 않습니다**.

☐ 비행기 예약을 취소**할게요**.

☐ **저는** 오렌지 주스**를 좋아합니다**.

☐ 화장실 가**야 해요**.

Pattern 021~025 복습

- □ 눈을 좀 쉬게 **해야 해**.

- □ **저는** 이 브로치를 **좋아하지 않습니다**.

- □ 새 공책을 하나 사**야 해요**.

- □ 저녁 해**야 해요**.

- □ **저는** 이 방을 **좋아하지 않습니다**.

- □ 마지막 버스를 타**야 해요**.

- □ **저는** 스크램블드에그를 **좋아합니다**.

- □ **저는** 계란 프라이를 **좋아합니다**.

- □ 너랑 얘기 좀 **해야겠어**.

- □ 휴대용 음식이 좀 **필요해요**.

- □ **저는** 포크 소시지를 **좋아합니다**.

- □ **저는** 이 도시를 **좋아합니다**.

- □ 화장실에 가**야 해요**.

- □ **저는** 이 색을 **좋아하지 않습니다**.

Pattern 026

학습일

I don't ~.

저는 ~을 못합니다.

'영어를 못한다.'는 I don't speak English. 이고, I can't speak English. 라고 하지 않는 것이 좋다. 조금이라도 할 수 있으면 I speak English a little. (영어는 조금 할 수 있습니다.), I speak a little English. (영어는 조금 할 수 있습니다.)라고 하고 서툴더라도 외국인과 대화를 해보자. 우리가 외국인들의 서툰 한국말을 대충 알아듣는 것처럼 그들도 우리의 서툰 영어를 대충 알아듣는다는 것을 몇 번 경험하게 되면 자신감이 생길 것이다.

 Step 1 기본 문장

I don't
아이 돈트
저는 ~을 못합니다.

speak English.
스피크 잉글리쉬
영어 말하기를

 Step 2 패턴 훈련

저는 어떻게 말해야 하는**지** 모릅니다.
I don't know the words.
아이 돈트 노우 더 워즈

저는 그 장소**를** 모릅니다.
I don't know the place.
아이 돈트 노우 더 플레이스

저는 밥을 영어로 어떻게 말하는**지** 모릅니다.
I don't know how to say 'bab' in English.
아이 돈트 노우 하우 투 세이 밥 인 잉글리쉬

저는 잔돈이 없습니다.
I don't have any small change.
아이 돈트 해브 애니 스몰 체인쥐

저는 친구가 없습니다.
I don't have any friends.
아이 돈트 해브 애니 프랜즈

 **Step 3 회화 연습**

길을 묻다

Chul-su : **Excuse me, but where is Trafalgar Square?**
익스큐즈 미, 벗 훼얼 이즈 트러팰거 스퀘어

Passer-by : **미안하지만, 모르겠습니다.**
아임 소리 아이 돈트 노우

I'm a stranger around here, too, but there is a police box on the next corner.
아임 어 스트래인저 어라운 히얼 투, 벗 데얼 이즈 어 폴리스 박스 온 더 넥스트 코너

I'm sure they can help you.
아임 슈어 데이 캔 핼프 유

Chul-su : **Thank you.**
땡큐

철수 : 실례지만, 트라팔가 광장이 어디입니까?

행인 : **I'm sorry I don't know.** 저도 이 근처는 처음이어서요.
다음 모퉁이에 파출소가 있어요. 거기에서 물어보면 알 수 있을 겁니다.

철수 : 감사합니다.

- **I don't know the words.**

  '어떻게 말하는지 모른다.'는 I don't know the words, I can't say it.(뭐라고 말하는지 모릅니다.) 이라고 하면 된다.

  I can't say it.을 I don't say it.이라고 할 수는 없다.

  반대로 상대가 말하는 것을 모를 때에는

  Beg your pardon? (↗) (다시 한 번 말해 주세요.)이라고 다시 물어본다.

Pattern 027

Could you ~?

~해 주시겠습니까?

could는 can의 과거형으로 '할 수 있었다'라는 의미지만 Could you ~?가 되면 '~해 주시겠습니까?'라고 정중하게 부탁하는 말이 되며 과거의 의미는 없다. **Wait a minute, please.** (잠시 기다려 주세요.) 라고 말해도 좋지만 이것보다는 훨씬 정중하고 공손하고 겸손한 말이다.

Step 1 기본 문장

Could you 쿠쥬 > **wait a minute, please?** 웨잇 어 미닛, 플리이스

~해 주시겠습니까? 잠깐 기다려

Step 2 패턴 훈련

좀 더 천천히 말해 **주시겠습니까?**
Could you speak more slowly?
쿠쥬 스피크 모어 슬로우리

당신의 이름을 써 **주시겠습니까?**
Could you write your name?
쿠쥬 롸잇 유어 네임

맛있는 것을 좀 추천해 **주시겠습니까?**
Could you recommend something delicious?
쿠쥬 리컴멘드 썸씽 딜리셔스

이 책을 한국으로 보내 **주시겠습니까?**
Could you send this book to Korea?
쿠쥬 센드 디스 북 투 코리아

이 선물을 포장해 **주시겠습니까?**
Could you wrap this gift?
쿠쥬 랩 디스 기프트

 **Step 3** 회화 연습

천천히 말해 주세요

Bob : **Excuse me, but can you tell me the exact time?**
익스큐즈 미, 벗 캔 유 텔 미 디 이그잭 타임

Chul-su : **You speak too fast for me. I couldn't get you.**
유 스피크 투 패스트 풔 미. 아이 쿠든 겟 유

좀 천천히 말씀해 주시겠습니까?
쿠쥬 스피크 모어 슬로우리

Bob : **All right. Can you tell me the exact time?**
올 라잇. 캔 유 텔 미 디 이그잭 타임

Chul-su : **Now I understand you perfectly. It's exactly half past four.**
나우 아이 언더스탠 유 퍼팩트리. 잇츠 이그잭틀리 하프 패스트 풔

밥 : 실례지만, 정확한 시간을 알 수 있을까요?
철수 : 말씀이 빨라서 알아들을 수가 없군요. **Could you speak more slowly?**
밥 : 알겠습니다. 정확한 시간을 알 수 있을까요?
철수 : 이제 말씀하시는 것을 알겠습니다. 정각 4시 반입니다.

Tips

- **something**

    something은 다음과 같이 사용할 수 있다.

    something cold 찬 것   something hot 뜨거운 것
    something good 좋은 것   something beautiful 아름다운 것
    something nice 멋진 것   something special 특별한 것

Pattern 028

Could you ~ me …?

저에게 …을 ~해 주시겠습니까?

길을 물을 때는 정중한 어법이 좋다. 하지만 Where is ~?밖에는 도무지 생각나지 않는다면 실례가 되지 않도록 먼저 Excuse me.를 붙이면 된다. 지도를 들고 다니는 경우에는 Could you show me ~?라고 tell을 show로 바꾸면 된다. '길을 가르쳐 주다'라는 의미로 사용하는 동사는 tell 또는 show이므로 우리말 그대로 teach라고 해서는 안 된다.

Step 1 기본 문장

Could you / tell / **me** / the way to Carnegie Hall?
쿠쥬 / 텔 / 미 / 더 웨이 투 카네기 홀
~해 주시겠습니까? / 가르쳐 / 저에게 / 카네기 홀로 가는 길을

Step 2 패턴 훈련

당신의 전화번호를 가르쳐 **주시겠습니까?**
Could you tell **me** your telephone number?
쿠쥬 텔 미 유어 텔레폰 넘버

당신의 신분증명서를 **주시겠습니까?**
Could you show **me** your ID?
쿠쥬 쇼우 미 유어 아이디

표 3장을 **주시겠습니까?**
Could you give **me** three tickets?
쿠쥬 기브 미 쓰리 티킷스

당신의 전기면도기를 빌려 **주시겠습니까?**
Could you lend **me** your electric shaver?
쿠쥬 렌드 미 유어 일렉트릭 쉐이버

스낵을 만들어 **주시겠습니까?**
Could you fix **me** a snack?
쿠쥬 픽스 미 어 스낵

 **Step 3 회화 연습**

호텔 가는 길을 묻다

Sunsil : **Excuse me, but** 쉐라톤 호텔로 가는 길을 가르쳐 주시겠습니까?
익스큐즈 미, 벗 쿠쥬 텔 미 더 웨이 투 더 셰러턴 호우텔

Passer-by : **Yes. Go straight and turn to the right at the third corner.**
예스. 고우 스트레잇 앤 턴 투 더 라잇 엣 더 써드 코너

You will find the hotel on your left.
유 윌 파인드 더 호우텔 온 유어 레프트

Sunsil : **Thank you very much.**
땡큐 베리 머취

Passer-by : **You're welcome.**
유어 웰컴

선실 : 실례지만, could you tell me the way to the Sheraton Hotel?
행인 : 네. 똑바로 가서 세 번째 모퉁이에서 오른쪽으로 도세요. 그러면 왼쪽에 그 호텔이 있습니다.
선실 : 감사합니다.
행인 : 천만에요.

- **telephone number와 ID**

    telephone number
    전화번호 체계는 나라마다 각각 다르다. 436-5798 식으로 쓰는 나라도 있고, EUL-0217 식으로 쓰는 나라도 있다. 하지만 전화를 거는 방법은 어디나 다 똑같다.

    ID
    Identification(신분증명서)의 첫 두 글자를 따서 ID라고 한다. ID card (Identification card)라고 할 수도 있다. pub 등 술을 마실 수 있는 장소나 술 등을 파는 장소에서는 미성년자에게 술을 팔지 못하고 출입을 제한하는 법규가 있어서 ID 제시를 요구하는 경우가 있다. 그런 경우에는 여권을 보여주면 된다.

Pattern 029

Could I have ~?

~를 주시겠습니까?

Could I have ~?는 Can I have ~?보다 정중한 말이다. 예를 들어 새로 취임한 직원을 다른 직원들에게 소개할 경우에 아래처럼 말하면 아주 정중한 표현이 된다.
Could I have everyone's attention for minutes? (잠깐만 모두 이쪽을 주목해 주세요.)
This is Mr. Bob Jones, our new manager. (이쪽은 신임 부장님인 밥 존스입니다.)

Step 1 기본 문장

Could I have 쿳 아이 해브	**a road map?** 어 로드 맵
~를 주시겠습니까?	도로 지도를

Step 2 패턴 훈련

맥주를 주시겠습니까?
Could I have a beer?
쿳 아이 해브 어 비어

스테이크를 주시겠습니까?
Could I have a steak?
쿳 아이 해브 어 스테이크

이 미술관의 안내서를 주시겠습니까?
Could I have a guide book to this museum?
쿳 아이 해브 어 가이드 북 투 디스 뮤지엄

물을 좀 주시겠습니까?
Could I have some water?
쿳 아이 해브 썸 워터

10센트 우표 5장을 주시겠습니까?
Could I have five twenty-five cents stamps?
쿳 아이 해브 파이브 투엔티파이브 센츠 스탬프스

 **Step 3 회화 연습**

커피를 한 잔 더 부탁하다

Chul-su : 커피를 한 잔 더 주시겠습니까?
쿳 아이 해브 어나더 컵 오브 커피

Waitress : Sure, do you want cream and sugar in your coffee?
슈어, 두 유 원 크림 앤 슈가 인 유어 커피

Chul-su : Only sugar, please.
온리 슈가, 플리이스

철수 : Could I have another cup of coffee?
웨이트리스 : 네, 커피에 크림과 설탕을 넣어드릴까요?
철수 : 설탕만 부탁합니다.

● a road map과 a beer

a road map
모르는 도시에 가면 지도(**map**)가 반드시 필요하다. 간단한 시내지도는 대부분 여행객들이 무료로 가져갈 수 있도록 호텔 프론트에 비치되어 있다. 그러나 상세한 지도를 원할 때는 거리의 관광 매점(유료)이나 주유소에서 물어보면 구할 수 있다.

a beer
'맥주 1병'이라고 할 때는 **a bottle of beer**라고 해야 하지만 주문할 때는 그냥 **a beer**라고만 해도 의미는 통한다. 생맥주는 **draft beer**이다. 이와 같이 **a cup of coffee**(커피 1잔) 등의 경우도 그냥 **a coffee**라고 해도 된다.

Pattern 030

Would you like ~?

~ 하시겠습니까? / ~ 드시겠습니까?

Would you like ~?는 '~ 하시겠습니까? / ~ 드시겠습니까?' 라고 묻는 정중한 표현이다. 레스토랑 등에서 웨이터가 손님에게 흔히 이렇게 묻는다. 이때에는 Yes. / No.를 확실하게 말해야 한다. 예를 들어 Would you like some fruit?이라고 하면 원하지 않을 때는 No, thank you.라고 하면 되고, 원할 때에는 An orange, please.(오렌지를 주세요.) 라고 하면 된다.

Step 1 기본 문장

Would you like a drink?
우쥬 라익 / 어 드링크

~ 드시겠습니까? / 음료수 한 잔

Step 2 패턴 훈련

| 과일 좀 **드시겠습니까?** | **Would you like** some fruit?
우쥬 라익 썸 푸룻 |

| 디저트 좀 **드시겠습니까?** | **Would you like** some dessert?
우쥬 라익 썸 디저트 |

| 푸딩 좀 **드시겠습니까?** | **Would you like** some pudding?
우쥬 라익 썸 푸딩 |

| 코코아 좀 **드시겠습니까?** | **Would you like** some hot chocloate?
우쥬 라익 썸 핫 초콜릿 |

| 트윈 룸으로 **하시겠습니까?** /
트윈 룸은 **어떻습니까?** | **Would you like** a twin?
우쥬 라이크 어 트윈 |

 **Step 3** 회화 연습

케이크 어때요?

Susan : **What would you like to have? Tea or coffee?**
왓 우쥬 라익 투 해브? 티 오어 커피

Sunsil : **Tea, please.**
티, 플리이스

Susan : 케이크 좀 드시겠습니까?
우쥬 라익 썸 케익

Sunsil : **No, thank you. Just tea, please.**
노, 땡큐. 저슷 티, 플리이스

수잔 : 무얼 드시겠습니까? 홍차로 하겠습니까, 커피로 하겠습니까?
선실 : 홍차를 주세요.
수잔 : **Would you like some cake?**
선실 : 아뇨, 감사합니다. 홍차만 주세요.

● **some과 any**
Would you like some dessert?에서는 **some**을 쓰고 **any**는 쓰지 않는다. 의문문에서는 **any**를 쓴다고 배웠지만, 회화에서 무엇을 권할 경우에는 **some**을 쓴다는 것을 잊지 말자.

Review

다음 패턴을 이용해 문장을 만들어 보세요.

I don't ~. 저는 ~을 못합니다.	**Could you ~?** ~해 주시겠습니까?
Could you ~ me …? 저에게 …을 ~해 주시겠습니까?	**Could I have ~?** ~를 주시겠습니까?
Would you like ~? ~ 하시겠습니까?	

☐ 스테이크를 **주시겠습니까?**

☐ 디저트 좀 **드시겠습니까?**

☐ **저는** 그 장소를 **모릅니다.**

☐ **저는** 밥을 영어로 어떻게 말하**는지 모릅니다.**

☐ **저는** 잔돈이 **없습니다.**

☐ **저는** 친구가 **없습니다.**

☐ 당신의 전기면도기를 빌려 **주시겠습니까?**

☐ 당신의 이름을 써 **주시겠습니까?**

☐ 맛있는 것을 좀 추천해 **주시겠습니까?**

☐ 물을 좀 **주시겠습니까?**

☐ 이 선물을 포장해 **주시겠습니까?**

Pattern 026~030 복습

☐ 당신의 전화번호를 가르쳐 **주시겠습니까**?

☐ 당신의 신분증명서**를 주시겠습니까**?

☐ 표 3장**을 주시겠습니까**?

☐ 이 미술관의 안내서**를 주시겠습니까**?

☐ 스낵을 만들어 **주시겠습니까**?

☐ 과일 좀 **드시겠습니까**?

☐ 좀 더 천천히 말해 **주시겠습니까**?

☐ 푸딩 좀 **드시겠습니까**?

☐ 코코아 좀 **드시겠습니까**?

☐ 트윈 룸으로 **하시겠습니까**?

☐ 맥주를 **주시겠습니까**?

☐ **저는** 어떻게 말해야 하는**지 모릅니다**.

☐ 이 책을 한국으로 보내 **주시겠습니까**?

☐ 10센트 우표 5장**을 주시겠습니까**?

Pattern 031

Would you ~?

~해 주시겠습니까?

식사할 때, 다른 사람 앞에 있는 것을 말없이 집어오는 것은 실례이다. 그럴 경우에는 Would you pass me ~?라고 가까이에 있는 사람에게 부탁한다. 식탁에는 대부분 후추(**pepper**), 겨자(**mustard**) 등은 있지만 간장(**soy sauce**) 등은 없는 것이 보통이다.

Step 1 기본 문장

Would you
우쥬
~해 주시겠습니까?

pass me the salt?
패스 미 더 살트
소금을 건네

Step 2 패턴 훈련

당신 라이터를 빌려 **주시겠습니까?**
Would you lend me your lighter?
우쥬 렌드 미 유어 라이터

당신 카드를 보여 **주시겠습니까?**
Would you show me your card?
우쥬 쇼우 미 유어 카-드

당신의 방 번호를 가르쳐 **주시겠습니까?**
Would you tell me your room number?
우쥬 텔 미 유어 룸 넘버

저 가방을 가져다 **주시겠습니까?**
Would you bring me that bag?
우쥬 브링 미 댓 백

저와 춤을 춰 **주시겠습니까?**
Would you dance with me?
우쥬 댄스 위드 미

 **Step 3** 회화 연습

우산을 빌리다

Chul-su : 우산을 빌려 주시겠습니까?
우쥬 렌드 미 언 엄브렐러

Henry : Oh, yes. Here you are.
오 예스. 히얼 유 아

Chul-su : Thank you. I'll return it tomorrow.
땡큐. 아윌 리턴 잇 투머로우

철수 : Would you lend me an umbrella?
헨리 : 알겠습니다. 여기 있어요.
철수 : 고마워요. 내일 돌려 드릴게요.

- **bring과 take**

  bring(가지고 오다)과 take(가지고 가다)는 서로 반대되는 의미를 갖는다. 사용할 때 헷갈리기 쉬운 표현 가운데 하나이므로 주의하자.

  Please **bring** some of your friends to the party. (당신 친구들을 파티에 데려와 주세요.)
  Please **take** me along with you. (저도 함께 데려가 주세요.)

Pattern 032

Would you like to ~?

~하고 싶습니까?

Would you like to ~?는 '~하고 싶습니까?'라고 상대의 의향을 묻거나, '~하지 않겠습니까?'라고 상대에게 권유할 때 쓰는 정중한 표현이다. 예의를 갖춰 말해야 할 사람에게는 물론, 웬만하면 이 패턴을 사용하자. 어느 나라에서든 공손하게 말해서 손해볼 건 없을 테니까. 대답할 땐 Yes, I'd like to ~.(네, ~하고 싶습니다.)라고 하면 된다.

Step 1 기본 문장

Would you like to 우쥬 라잌 투
~하고 싶습니까?

see the London Bridge? 씨 더 런던 브릿지
런던 브리지를 보고

Step 2 패턴 훈련

그곳에 가고 **싶습니까?**
Would you like to go there?
우쥬 라잌 투 고우 데어

그를 만나고 **싶습니까?**
Would you like to see him?
우쥬 라잌 투 씨 힘

지하철을 타고 **싶습니까?**
Would you like to take the subway?
우쥬 라잌 투 테이크 더 섭웨이

이것을 한국으로 보내고 **싶습니까?**
Would you like to send this package to Korea?
우쥬 라잌 투 센드 디스 패키지 투 코리아

스웨터를 사고 **싶습니까?**
Would you like to buy a sweater?
우쥬 라잌 투 바이 어 스웨터

 **Step 3 회화 연습**

송별회에 참석을 권하다

Dick : **Mr. Lee is leaving here for Korea soon, and I'm going to give**
미스터 리 이즈 리빙 히얼 훠 코리어 쑨, 앤 아임 고잉 투 기브

a farewell party for him at my home next Sunday.
어 페어웰 파티 풔 힘 엣 마이 홈 넥스트 썬데이

선실, 당신도 와주시겠습니까?
우쥬 라익 투 캄 선실

Sunsil : **Yes, I'd like to come very much.**
예스, 아이드 라익 투 캄 베리 머취

How many people are coming?
하우 매니 피플 아 카밍

Dick : **About ten or so, just close friends.**
어바웃 텐 오어 소, 저슷 클로즈 프랜즈

The party begins at seven in the evening.
더 파티 비긴즈 엣 세븐 인 디 이브닝

I'll be expecting you.
아윌 비 익스펙팅 유

딕 : 이 선생님이 여기를 떠나 한국으로 귀국할 예정이에요. 그래서 다음 일요일에 우리 집에서 송별회를 열기로 했어요. **Would you like to come, Sunsil?**

선실 : 네, 꼭 가고 싶어요. 몇 사람이나 오나요?

딕 : 10여명 정도, 친한 친구들만요. 파티는 저녁 7시부터 시작합니다. 기다리고 있을게요.

Tips

● **go there**

'거기에 가다'는 go there이지, go to there라고는 하지 않는다. 그러나 '역에 가다'는 go to the station이라고 to를 붙여서 말한다.

Pattern 033

May I ~?

~해도 됩니까?

'~해도 됩니까?'라고 다른 사람에게 부탁할 때는 May I ~?라고 한다. 회화에서는 May I ~? 대신 Can I ~?를 사용하는 경우가 많은데 둘 다 같은 의미이다. 백화점 등에 쇼핑(shopping)하러 가서 여기저기 보며 돌아다니면, 점원이 May I help you?라고 한다. 살 것이 있을 땐 찾는 상품의 이름을 말하면 그 매장을 가르쳐 준다. 그러나 단지 구경만 할 경우에는 Just looking.(그냥 구경하고 있습니다.)이라고 하면 된다.

Step 1 기본 문장

May I come in?
메이 아이 / 캄 인
~해도 됩니까? / 들어가도

Step 2 패턴 훈련

한국어로 말해**도 됩니까**?
May I speak in Korean?
메이 아이 스피크 인 코리언

연필로 써**도 됩니까**?
May I write with a pencil?
메이 아이 롸잇 위드 어 펜슬

이 전화를 써**도 됩니까**?
May I use this telephone?
메이 아이 유즈 디스 텔리포운

여기에 주차해**도 됩니까**?
May I park here?
메이 아이 팍 히어

저기에 앉아**도 됩니까**?
May I sit there?
메이 아이 싯 데어

 **Step 3 회화 연습**

자기 소개를 하다

Chul-su : 제 소개를 해도 될까요?
메이 아이 인트러듀스 마이셀프

I've just come to the States from Korea.
아이브 저슷 캄 투 더 스테이츠 프럼 코리어

My name is Chul-su Kim.
마이 네임 이즈 철수킴

Jim : I'm very glad to meet you, Mr. Kim. I'm Jim White.
아임 베리 글래드 투 밋 유 미스터 김 아임 짐 화이트

I have heard a great deal about you from Harry.
아이 해브 허드 어 그레잇 딜 어바웃 유 프럼 해리

철수 : **May I introduce myself?**

저는 한국에서 방금 미국에 왔습니다.

제 이름은 김철수입니다.

짐 : 만나서 반갑습니다. 김 선생님. 저는 짐 화이트입니다.

당신에 대해서는 해리에게 많이 들었습니다.

● **이름과 성**

성　　　last name (영어권에서는 보통 성이 뒤에 오기 때문)
　　　　family name (가족의 이름이라는 의미로 글자 그대로 성)
　　　　surname (거주지, 직업, 개인적인 특징에서 성이 붙여지기 때문)
이름　　first name (last name에 대해서)

이외에 세례명(Christian name 또는 given name), 중간 이름(middle name) 등이 있다. 영어권에서는 서로 이름을 부르는 것이 친밀감이 있다고 생각하기 때문에 성을 부르는 것은 서먹서먹하다고 받아들인다. 미국에서는 두세 번 만나고 나면 **Please call me ~**. 또는 **May I call you ~**?라고 말하고 서로 이름을 부르는 사이로 발전하게 마련이다.

Pattern 034

학습일

May I ~?

~해도 됩니까?

May I close the window?(창문을 닫아도 됩니까?)의 반대는 May I open the window?(창문을 열어도 됩니까?)이다. 열차나 버스 등의 창문을 여닫을 때에는 가까이에 있는 사람의 의향을 묻는 것이 예의이다. 주위의 상황으로 판단해서 창문을 여는 것이 좋다고 생각되면, 더 적극적인 표현을 써서 Shall I open the window?(창문을 열까요?)라고 말한다.

 Step 1 기본 문장

May I	**open this box?**
메이 아이	오픈 디스 박스
~해도 됩니까?	이 상자를 열어도

 **Step 2 패턴 훈련**

창문을 닫아**도 됩니까**?
May I close the window?
메이 아이 클로우즈 더 윈도우

이 잡지를 읽어**도 됩니까**?
May I read this magazine?
메이 아이 리드 디스 매거진

당신에게 질문해**도 됩니까**?
May I ask you a question?
메이 아이 애스크 유 어 퀘스천

모레 방문해**도 됩니까**?
May I call on you the day after tomorrow?
메이 아이 콜 온 유 더 데이 애프터 투머로우

음료를 주문해**도 됩니까**?
May I order a beverage?
메이 아이 오-더 어 베버리쥐

 **Step 3 회화 연습**

방문 약속을 하다

Chul-su : 내일 오후에 당신을 방문해도 됩니까?
메이 아이 비짓 유 투머로우 에프터눈

Tom : Please do. What time can you come?
플리이스 두. 왓 타임 캔 유 캄

Chul-su : Is two o'clock all right?
이즈 투 어클락 올 라잇

Tom : Two o'clock will be fine. I'll be expecting you.
투 어클락 윌 비 파인. 아윌 비 익스펙팅 유

철수 : May I visit you tomorrow afternoon?
톰 : 그러세요. 몇 시에 오시겠어요?
철수 : 2시 좋습니까?
톰 : 2시라면 좋습니다. 기다리겠습니다.

Tips

● **appointment**(약속)

다른 사람과 만날 때에는 appointment(약속)를 정확히 해야 한다. 한국인은 다른 사람을 지나치게 배려하는 경향이 있어서 '아무 때라도 좋습니다.' 라고 하는 경우가 많은데, 이것은 오히려 상대방을 난처하게 할 수도 있다. 그러므로 다음과 같이 시간을 정확하게 지정하는 것이 서로 편하다.

At three in the afternoon.(오후 3시에)
형편이 좋지 않으면 '나쁘다' 라고 말하고 나서 시간을 변경하거나 요일을 변경하면 된다.

Pattern 035

Can I ~?

~할 수 있습니까?

외국으로 여행을 가면 모든 것이 낯설고 모르는 것이 많아서 불안하다. 물론 그것 또한 여행의 묘미 가운데 하나일 것이다. 어쨌든 궁금한 것은 적극적으로 물어보자. **Can I get to the airport by subway?**(지하철로 공항에 갈 수 있습니까?)에서 **by subway**(지하철)는 미국식이고, 영국에서는 **by tube**라고 한다. 목욕을 하고 싶다면 **Can I have a bath?**(목욕할 수 있습니까?)라고 묻는다.

 Step 1 기본 문장

Can I	visit the museum tomorrow?
캔 아이	비짓 더 뮤지엄 투머로우
~할 수 있습니까?	내일 박물관을 방문

 **Step 2 패턴 훈련**

내일 아침에 만날 수 있습니까?
Can I see you tomorrow morning?
캔 아이 씨 유 투머로우 모닝

스미스 씨와 통화할 수 있습니까?
Can I speak to Mr. Smith?
캔 아이 스피크 투 미스터 스미스

거기에 지하철로 갈 수 있습니까?
Can I get there by subway?
캔 아이 겟 데얼 바이 서웨이

예약할 수 있습니까?
Can I make a reservation?
캔 아이 메이크 어 레저베이션

전화를 걸 수 있습니까?
Can I make a telephone call?
캔 아이 메이크 어 텔리포운 콜

 **Step 3** 회화 연습

찬 것을 찾는다

Ann : **What will you have?**
왓 윌 유 해브

Sunsil : **I'm a little thirsty.** 찬 것을 좀 마실 수 있습니까?
아임 어 리를 썰스티. 캔 아이 해브 썸씽 코울드

Ann : **How about ice tea?**
하우 어바웃 아이스 티

Sunsil : **Oh, that'd be very nice.**
오, 댓드 비 베리 나이스

앤 : 무얼 드시겠습니까?
선실 : 목이 좀 마릅니다. **Can I have something cold?**
앤 : 아이스티는 어떻습니까?
선실 : 아주 좋습니다.

Tips

● 쇼핑할 때

외국에서 쇼핑할 때에는 구입할 목록을 미리 정해 두는 것이 좋다. 물론 다니다가 정말 마음에 드는 것을 발견하면 어쩔 수 없는 일이지만 그런 경우를 제외하고는 충동구매를 해서 후회하지 않을 가능성은 별로 없다. Can I have a look at that diamond?(저 다이아몬드를 좀 볼 수 있습니까?)와 같이 보고 싶은 것을 정확하게 말한다. 물건의 이름을 모르면 그 물건을 가리키며 Can I have a look at that?(저것을 볼 수 있습니까?)라고 말한다.

Review

다음 패턴을 이용해 문장을 만들어 보세요.

Would you ~? ~해 주시겠습니까?	**Would you like to ~?** ~하고 싶습니까?
May I ~? ~해도 됩니까?	**May I ~?** ~해도 됩니까?
Can I ~? ~할 수 있습니까?	

☐ 음료를 주문해**도 됩니까**?

☐ 당신 카드를 보여 **주시겠습니까**?

☐ 당신의 방 번호를 가르쳐 **주시겠습니까**?

☐ 저 가방을 가져다 **주시겠습니까**?

☐ 저와 춤을 춰 **주시겠습니까**?

☐ 그곳에 가고 **싶습니까**?

☐ 거기에 지하철로 갈 **수 있습니까**?

☐ 지하철을 타고 **싶습니까**?

☐ 저기에 앉아**도 됩니까**?

☐ 스미스 씨와 통화할 **수 있습니까**?

☐ 한국어로 말해**도 됩니까**?

Pattern 031~035 복습

- [ ] 연필로 써**도 됩니까**?

- [ ] 이 전화를 써**도 됩니까**?

- [ ] 여기에 주차해**도 됩니까**?

- [ ] 스웨터를 사고 **싶습니까**?

- [ ] 창문을 닫아**도 됩니까**?

- [ ] 당신 라이터를 빌려 **주시겠습니까**?

- [ ] 이 잡지를 읽어**도 됩니까**?

- [ ] 당신에게 질문해**도 됩니까**?

- [ ] 모레 방문해**도 됩니까**?

- [ ] 그를 만나고 **싶습니까**?

- [ ] 내일 아침에 만날 **수 있습니까**?

- [ ] 예약할 **수 있습니까**?

- [ ] 이것을 한국으로 보내고 **싶습니까**?

- [ ] 전화를 걸 **수 있습니까**?

Pattern 036

Can you ~?
~해줄 수 있습니까?

상대방에게 무엇인가를 해줄 수 있는지 묻거나 부탁할 때 Can you ~? 패턴으로 질문하면 무난하다. 상대가 좀 어려운 사람이거나 부탁하려고 하는 일이 좀 어려운 경우에는 can 대신 could를 사용하면 더 공손한 표현이 된다.

Step 1 기본 문장

Can you 캔 유 | **call me?** 콜 미

~해줄 수 있습니까? | 내게 전화해

Step 2 패턴 훈련

올 수 있어요?
Can you come?
캔 유 캄

나를 데려다줄 수 있어요?
Can you take me?
캔 유 테이크 미

이 펜 빌려줄 수 있어요?
Can you lend me this pen?
캔 유 렌ㄷ 미 디스 펜

나한테 1분만 시간 내줄 수 있어요?
Can you give me a minute?
캔 유 깁 미 어 미닛

저녁 하는 것 좀 도와줄 수 있어요?
Can you help me fix dinner?
캔 유 헬프 미 픽스 디너

 **Step 3** 회화 연습

사진을 찍어달라고 부탁하다

Ann : **The view is simply wonderful!**
더 뷰 이즈 심플리 원더풀

Suho : **Let's take a photo! Excuse me, 우리 사진 좀 찍어주실 수 있어요?**
렛츠 테이크어 포우토우! 익스큐즈 미, 캔 유 스냅 어 포우토우 오브 어스

native : **Sure. I'd be glad to.**
슈어, 아이드 비 그랫 투

앤 : 경치가 정말 기가 막힌걸!
수호 : 사진 찍자! 실례합니다. **can you snap a photo of us?**
현지인 : 기꺼이 찍어드리죠.

● 부탁이나 의뢰할 때의 표현
　일반적으로 부탁이나 의뢰할 때 쓰는 표현들을 그 공손함의 정도에 따라 나열하면 다음과 같다.
　Will you ~? 〈 Can you ~? 〈 Would you ~? 〈 Could you ~? 〈 Would you please ~?
　〈 Could you please ~? 〈 **Would you mind -ing?**

Pattern 037

I can ~.

~할 수 있어요. / ~할 줄 알아요.

can은 '~할 수 있다'는 능력을 나타내는 조동사이다. I can swim.(수영할 수 있다.) I can speak English.(영어를 할 줄 안다.) I can help you.(너를 도와줄 수 있다.) 처럼 반드시 동사원형이 따라와야 한다. '~할 줄 모른다, ~는 불가능하다'라는 반대 의미를 나타내기 위해서는 I can't ~ 패턴을 사용하면 된다.

Step 1 기본 문장

I can
아이 캔

speak English.
스픽 잉글리쉬

~할 수 있어요.   영어를 할

Step 2 패턴 훈련

전 스케이트를 탈 **줄 알아요**.

I can skate.
아이 캔 스케이트

당신에게 말해 줄 **수 있어요**.

I can tell you.
아이 캔 텔 유

어떻게 하는 지 알려줄 **수 있어요**.

I can show you how.
아이 캔 쇼 유 하우

전 당신 말이 잘 들려요 /
잘 들을 **수 있어요**.

I can hear you well.
아이 캔 히어 유 웰

저는 날 **수 있다고** 믿어요.

I believe **I can** fly.
아이 빌립 아이 캔 플라이

98

 **Step 3** 회화 연습

수영장에서

Ann : **Can you swim?**
캔 유 스윔

Suho : **Yes, 수영할 줄 알아요, but not very well.**
예스, 아이 캔 스윔, 벗 낫 베리 웰

Ann : **Can you swim on your back?**
캔 유 스윔 온 유어 백

Suho : **Yes, I can.**
예스, 아이 캔

앤 : 수영할 줄 아세요?
수호 : 네, **I can swim,** 하지만 아주 잘 하지는 못해요.
앤 : 배영은 할 줄 아세요?
수호 : 네, 할 줄 알아요.

- **표정을 나타내는 표현**
  ① 실망·절망 표정 – **drawing a long face** 또는 **pulling a long face**
  직역하면 '얼굴을 쭉 늘이다' 이지만 이것이 '실망, 절망, 우울한 얼굴'을 의미한다. 풀이 죽으면 입 양쪽과 눈이 처져서 길게 보인다고 하는 데서 나왔다.
  ② 우울한 얼굴 – **look blue**
  blue에는 '우울, 비관, 음울' 이라는 이미지가 있어서, **look blue**라는 표현에는 '몸이 좋지 않은' 이라는 의미도 있다.
  ③ 붉어지다 – **become[turn] red**
  화가 났을 때 창피를 당했을 때 얼굴이 붉어지는 것은 우리나라도 같다.
  ④ 눈썹을 찡그리다 – **knit one's brows**
  상대를 경멸한다는 의미로 눈썹을 찌푸리는 경우에는 **raise one's brows**라고 한다. 화가 나면 눈썹이 팔(八)자 모양으로 되는 것에서 나온 말이다.

Pattern 038

I can't ~.

~할 수 없습니다.

한국인은 '~할 수 있다, ~할 수 없다'는 것을 확실히 말하지 않는 경향이 있다. 무슨 문제든 직설적으로 똑 부러지게 지적하거나 표현하는 것을 건방지다고 생각하는 것이다. 하지만 그런 태도는 외국인들의 눈에 애매하고 우유부단한 성격으로 보인다. 매사 분명하게 말하는 습관을 들이자. 할 수 없다는 것을 특별히 강조하고 싶을 때는 **can't** 대신 **cannot**을 쓴다.

Step 1 기본 문장

I can't
아이 캔ㅌ
~할 수 없습니다.

find my suitcase.
파인드 마이 숫케이스
여행 가방을 찾을

Step 2 패턴 훈련

제 안경을 찾을 **수 없습니다**.
I can't find my glasses.
아이 캔ㅌ 파인드 마이 글래시스

표를 살 **수 없습니다**.
I can't get a ticket.
아이 캔ㅌ 겟 어 티킷

오래 머물 **수 없습니다**.
I can't stay long.
아이 캔ㅌ 스테이 롱

당신 사무실에 갈 **수 없습니다**.
I can't come to your office.
아이 캔ㅌ 캄 투 유어 오피스

전화번호를 기억할 **수 없습니다**.
I can't remember the phone number.
아이 캔ㅌ 리멤버 더 포운 넘버

 **Step 3 회화 연습**

치과에서

Dentist : **Good morning, sir. What's the matter?**
굿 모닝, 써. 홧츠 더 매터

Chul-su : **I have a toothache.**
아이 해브 어 투쓰에일

Dentist : **Does it hurt a lot?**
더즈 잇 헐트 어 랏

Chul-su : **Yes. It hurts so much that 아무 것도 먹을 수 없어요.**
예스. 잇 헐츠 소 머취 댓 아이 캔 트 잇 애니씽

Please take a look at it.
플리이스 테이크 어 룩 엣 잇

Dentist : **You have very nice teeth, but you have two decayed ones.**
유 해브 베리 나이스 티쓰, 벗 유 해브 투 디케이드 원스

치과의사 : 안녕하세요. 무슨 일이죠?
철수 : 이가 아픕니다.
치과의사 : 많이 아픕니까?
철수 : 네. 통증이 너무 심해서 **I can't eat anything.**
        좀 봐 주세요.
치과의사 : 이는 매우 좋은데 충치가 2개 있습니다.

Tips

● **I can't find my suitcase.**

공항에서 I can't find my suitcase.(제 가방을 찾을 수 없습니다.)라고 말해야 할 때만큼 난감한 일은 없을 것이다. 같은 모양이나 비슷한 색의 가방이 많으므로 찾기 쉽도록 여행을 떠나기 전에 미리미리 표시해 두는 것을 잊지 말자.

Pattern 039

This is ~.

저는[이것은] ~입니다.

This is Mrs. Kim speaking.은 전화를 걸 때의 전형적인 말이다. 자기 자신에게 Mrs.를 붙이는 것이 이상하게 생각될지 모르겠지만 전화에서는 여자 목소리인 것을 알 수 있어도 미혼인지 기혼인지는 알 수 없다. 자기 신분을 정확하게 밝히고 싶을 때는 거는 쪽에서 Miss 또는 Mrs.를 붙이는 것이다.

Step 1 기본 문장

This is 디스 이즈 / **Mrs. Kim speaking.** 미시즈 김 스피킹

저는 ~입니다. / 김 〈전화에서〉

Step 2 패턴 훈련

이것은 제 의자입니다.
This is my seat.
디스 이즈 마이 싯

이것은 제 열쇠케이스입니다.
This is my key case.
디스 이즈 마이 키 케이스

이 사람은 제 동생 선실입니다.
This is my sister Sunsil.
디스 이즈 마이 시스터 선실

이것은 콜렉트 콜(수신자 부담 전화)입니다.
This is a collect call.
디스 이즈 어 컬렉트 코-ㄹ

이것은 제 것입니다.
This is mine.
디스 이즈 마인

 **Step 3 회화 연습**

호텔 도착을 전화로 알리다

Sunsil : Hello, 이선실라고 합니다. May I speak to Betty?
헐로우, 디스 이즈 선실 리 스피킹. 메이 아이 스피크 투 베티

Mrs. Baker : Just a moment, please.
저슷 어 모먼트, 플리이스

Betty : Hello, Sunsil. I'm happy to have you here.
헐로우, 선실. 아임 해피 투 해브 유 히얼

Where are you calling from?
훼얼 아 유 콜링 프럼

Sunsil : From the Hilton Hotel. I arrived here this morning.
프럼 더 힐튼 호우텔. 아이 어라이브드 히얼 디스 모닝

선실 : 여보세요. **this is Sunsil Lee speaking.** 베티와 통화하고 싶습니다.
베이커 부인 : 잠시 기다리세요.
베티 : 여보세요, 선실. 잘 왔어요. 지금 어디서 전화하고 있어요?
선실 : 힐튼 호텔이에요. 오늘 아침에 여기 도착했어요.

Tips

● **collect call** (수신자 부담 통화)

전화에 관련된 표현으로 다음과 같은 것들을 알아두자.

domestic call 국내 전화	local call 시내 전화
trunk call 시외 전화	long-distance call 장거리 전화
person-to-person call 지명 통화	crank call 장난 전화
extension 230 내선 230번	pay phone 공중전화
text message 문자 메시지	telephone directory 전화번호부
hold on 끊지 않고 기다리다	hang up 전화를 끊다
The line is busy. 통화중이다.	

Pattern 040

This ~ is ….

이 ~은 …입니다.

This is ~. 보다 더 구체적으로 지적하고 싶을 때 쓸 수 있는 패턴이다. delicious는 식사, 디저트, 케이크 등의 맛을 칭찬할 때 자주 쓴다. 더 먹고 싶으면 This is delicious. Can I have some more?(맛있어요. 좀 더 먹을 수 있습니까?)라고 한다. 더 이상 원치 않으면 No, thank you. I've had enough.(아뇨, 괜찮습니다. 충분히 먹었습니다.)라고 정중하게 거절하면 된다.

Step 1 기본 문장

This	pie	is	delicious.
디스	파이	이즈	딜리셔스
이	파이는	…입니다.	맛있는

Step 2 패턴 훈련

이 스파게티는 맛있습니다.
This spaghetti **is** good.
디스 스파게티 이즈 굿

이 그림은 멋있습니다.
This picture **is** fine.
디스 픽쳐 이즈 파인

이 수건은 깨끗합니다.
This towel **is** clean.
디스 타우얼 이즈 크린

이 천은 더럽습니다.
This cloth **is** dirty.
디스 클로스 이즈 더-티

이 가방은 무겁습니다.
This bag **is** heavy.
디스 백 이즈 해비

 Step 3 회화 연습

케이크를 충분히 먹었습니다

Betty : **Won't you have some more tea?**
원츄 해브 썸 모어 티

Sunsil : **Oh, thank you.**
오, 땡큐

Betty : **How about another piece of cake?**
하우 어바웃 어나더 피스 오브 케익

Sunsil : **No, thank you.** 케이크는 무척 맛있지만 충분히 먹었어요.
노, 땡큐. 디스 케익 이즈 베리 딜리셔스 벗 아이브 해드 이너프

베티 : 홍차를 좀 더 드시겠어요?
선실 : 네, 고마워요.
베티 : 케이크 한 조각 더 어때요?
선실 : 아뇨, 괜찮아요. **This cake is very delicious, but I've had enough.**

● 음식의 맛을 나타내는 형용사

delicious 맛있는	astringent 떫은	tasteless 맛없는
greasy 느끼한	flat 싱거운	fishy 비린내 나는
salty 짠	bitter 쓴	hot 매운
sweet 단, 달콤한	sour 신	

Review

다음 패턴을 이용해 문장을 만들어 보세요.

Can you ~? ~해줄 수 있습니까?	**I can ~.** ~ 할 수 있어요. / ~ 할 줄 알아요.
I can't ~. ~할 수 없습니다.	**This is ~.** 저는[이것은] ~입니다.
This ~ is …. 이 ~은 …입니다.	

☐ 이 가방은 무겁습니다.

☐ 올 수 있어요?

☐ 나를 데려다줄 수 있어요?

☐ 이 펜 빌려줄 수 있어요?

☐ 표를 살 수 없습니다.

☐ 저녁 하는 것 좀 도와줄 수 있어요?

☐ 전 스케이트를 탈 줄 알아요.

☐ 당신에게 말해 줄 수 있어요.

☐ 이것은 콜렉트 콜입니다.

☐ 잘 들을 수 있어요.

☐ 난 날 수 있다고 믿어요.

Pattern 036~040 복습

☐ 제 안경을 찾을 **수 없습니다**.

☐ **이 천은** 더럽**습니다**.

☐ 오래 머물 **수 없습니다**.

☐ 어떻게 하는 지 알려줄 **수 있어요**.

☐ 전화번호를 기억할 **수 없습니다**.

☐ **이것은** 제 의자**입니다**.

☐ **이것은** 제 열쇠케이스**입니다**.

☐ **이 사람은** 제 동생 선실**입니다**.

☐ **이 스파게티는** 맛있**습니다**.

☐ **이것은** 제 것**입니다**.

☐ 당신 사무실에 갈 **수 없습니다**.

☐ **이 그림은** 멋있**습니다**.

☐ **이 수건은** 깨끗**합니다**.

☐ 나한테 1분만 시간 내 줄 **수 있어요**?

Pattern 041

That is ~.

그것은 ~입니다.

상대방에게 어떤 물건이나 상황에 대해 설명하거나 정의할 때 가장 간단하고 유용하게 쓸 수 있는 패턴이다. 말하고자 하는 내용을 **That's** 뒤에 넣기만 하면 된다. 아주 간단한 문장부터 긴 문장까지 얼마든지 다양하게 응용할 수 있다. 반대로 그게 아니라고 말해야 하는 경우라면 **That's** 뒤에 **not**을 넣기만 하면 끝!

 Step 1 기본 문장

That is 댓 이즈 / 그것은 ~입니다.   **mine.** 마인 / 제 것

 Step 2 패턴 훈련

| 그건 내 모자예요. | **That's** my hat. 댓츠 마이 햇 |

| 그게 요점이에요. / 중요한 건 그거예요. | **That's** the point. 댓츠 더 포인트 |

| 그건 내가 주문했어요. | **That's** for me. 댓츠 풔 미 |

| 그게 내가 찾고 있는 거예요. | **That's** what I'm looking for. 댓츠 왓 아임 룩킹풔 |

| 좋아요. / 알았어요. / 계약합시다. | **That's** a deal. 댓츠 어 딜 |

물건 주인 찾기

Ann : **Whose hat is that?**
후즈 햇 이즈 댓

Suho : **내 거예요.**
댓츠 마인

Ann : **What's that over there?**
홧츠 댓 오우버 데얼

Suho : **That's what I'm looking for.**
댓츠 왓 아임 룩킹 풔

앤 : 저 모자 누구 거예요?
수호 : **That's mine.**
앤 : 저기 있는 저건 뭐예요?
수호 : 그게 내가 찾고 있는 거예요.

> **Tips**
>
> ● 패션 · 의복 관련어
>
> jeans 청바지(복수형)   sleeveless 소매 없는   panty hose 스타킹
> cuff links 소매 단추   dress 원피스   sale 바겐세일
> sweat pants 추리닝   bra 브라자(brassiere는 불어)
> custom-made, made-to-order 맞춤
> jacket, coat 잠바(jumper는 작업용 상의 또는 잠바스커트를 나타낸다)

109

Pattern 042

Is this ~?
이것은 ~입니까?

free는 편리한 말이다. tax-free는 '세금 없음' 즉 '면세'이다. duty free도 같은 의미이다. Duty-free shop은 '면세점'이다. Admission Free는 '무료입장'이고, 박물관 등에서 이런 게시를 볼 수 있다. I'm free.는 '저는 한가하다.'라는 의미이다. 즉 할 일이나 약속이 없어서 자유로운 몸이라는 것이다.

Step 1 기본 문장

Is this tax-free?
이즈 디스 텍스프리

이것은 ~입니까? 면세

Step 2 패턴 훈련

이것은 수제품입니까?
Is this hand-made?
이즈 디스 핸드메이드

이것은 세탁할 수 있는 것입니까?
Is this washable?
이즈 디스 와셔블

이것은 방수입니까?
Is this water-proof?
이즈 디스 워터프루프

이것은 휴대용입니까?
Is this portable?
이즈 디스 포터블

이것은 읽기 쉽습니까?
Is this easy to read?
이즈 디스 이지 투 릿

 **Step 3 회화 연습**

셔츠를 사다

Chul-su : **Please let me see that yellow shirt in the showcase.**
플리이스 렛 미 씨 댓 옐로우 셧 인 더 쇼케이스

Clerk : **Yes, sir. ··· Here you are. It's a very nice one.**
옛서, 히얼 유 알. 잇츠 어 베리 나이스 원

Chul-su : **재질은 튼튼합니까?**
이즈 디스 머티리얼 듀러블

Clerk : **Yes, it's very durable and popular, too.**
예스, 잇츠 베리 듀러블 앤 파퓰러, 투

Chul-su : **How much is it?**
하우 머취 이즈 잇

Clerk : **The price is on the tag. It's twenty ninety-five.**
더 프라이스 이즈 온 더 택. 잇츠 투엔티 나인티 파이브

Chul-su : **All right. I'll take it. Will you gift-wrap it?**
올 라잇. 아윌 테익 잇. 윌 유 기프트랩 잇

철수 : 진열장에 있는 저 노란 셔츠를 보여 주세요.
점원 : 네 손님, 여기 있습니다. 매우 좋은 물건입니다.
철수 : **Is this material durable?**
점원 : 네, 매우 질기고 인기도 좋아요.
철수 : 얼마입니까?
점원 : 정가표에 있습니다. 20달러 95센트입니다.
철수 : 좋습니다. 그것을 사겠습니다. 선물용으로 포장해 주시겠습니까?

Tips

● **Is this hand-made?**
최근 한국에서도 hand - made(수제품)를 높이 평가하고 있는데, 미국이나 유럽 등에서는 더욱 높게 평가하고 있다. 값이 무척 비싸기 때문에 살 때는 진짜 hand - made인지 반드시 확인해야 한다.

Pattern 043

Is this ~ …?

이 ~은 …입니까?

Is this ~ …?은 지금 눈앞에 있는 물건이나 상황에 대해 물어보는 가장 간단하고 기본적인 패턴이다. 전세계에서 수돗물을 그냥 먹을 수 있는 곳은 한국, 일본, 미국, 캐나다 정도이다. 유럽의 수돗물은 경수라서 그대로는 먹을 수 없기 때문에 대부분 mineral water (생수)를 사서 먹는다. 비누도 거품이 일지 않으므로 현지의 비누를 사용하는 것이 좋다.

Step 1 기본 문장

Is this 이즈 디스
이 ~은 …입니까?

water drinkable? 워터 드링커블
물은 마실 수 있는

Step 2 패턴 훈련

이 커피는 진합니까?
Is this coffee strong?
이즈 디스 커피 스트롱

이 자리는 주인이 있습니까?
Is this seat occupied?
이즈 디스 싯 아큐파이드

이 문은 잠겨 있습니까?
Is this door locked?
이즈 디스 도어 락트

이 테이프는 재미있습니까?
Is this tape interesting?
이즈 디스 테잎 인터레스팅

이 집은 비어 있습니까?
Is this house empty?
이즈 디스 하우스 엠프티

빈 자리를 찾다

Passenger : **Excuse me, but 이 자리는 주인이 있습니까?**
익스큐즈 미, 벗 이즈 디스 싯 테이큰

Chul-su : **Yes, a friend of mine is traveling with me,**
예스, 어 프랜드 오브 마인 이즈 트래벌링 위드 미

and he has gone to wash his hands.
앤 히 해즈 곤 투 와쉬 히즈 핸즈

Passenger : **Oh, I see.**
오, 아이 씨

Chul-su : **There's an empty seat just over there.**
데얼즈 언 엠프티 싯 져숫 오우버 데얼

Passenger : **Thank you.**
땡큐

승객 : 실례지만, **is this seat taken?**
철수 : 네, 친구와 함께 여행 중인데 지금 화장실에 갔습니다.
승객 : 알겠습니다.
철수 : 바로 저기에 빈 자리 있네요.
승객 : 감사합니다.

● **Is this seat occupied?**
열차, 버스 등에서 빈자리인지 확인할 때 하는 말이다. 자리가 비어 있더라도 앉기 전에 옆 사람에게 빈자리인지 물어보고 나서 앉는 것이 예의다. **No.**(비었습니다.)라고 대답하면 자리에 앉아서 여러 가지 화제를 꺼내 대화를 해보자. 레스토랑 등에서는 다음과 같이 말해 보자.

Is this seat reserved?(예약석입니까?)
고급 레스토랑에서는 입구에서 **waiter**가 안내해 줄 때까지 기다리는 것이 예의이다.

Pattern 044

Is this ~?

이것은 ~입니까?

This[That] is ~.의 의문문은 주어와 동사의 어순을 바꾸어 Is this[that] ~?로 나타내며 말끝을 올린다. 대답은 Yes, it is.(긍정) 또는 No, it isn't.(부정)으로 할 수 있다.
Is this the bus for Boston?(보스턴 행 버스입니까?)
Yes, it is.(네, 그렇습니다.) / No, it isn't.(아니오, 그렇지 않습니다.)

Step 1 기본 문장

Is this 이즈 디스
이것은 ~입니까?

the right bus for Atlanta?
더 라잇 버스 풔 애틀랜터
애틀랜타 행 버스

Step 2 패턴 훈련

이것은 시카고 행 열차 맞습니까?
Is this the right train for Chicago?
이즈 디스 더 라잇 트레인 풔 시카고

이것은 시청 행 지하철 맞습니까?
Is this the right subway for City Hall?
이즈 디스 더 라잇 서붸이 풔 씨티 홀

이곳이 파리 행 플랫폼 맞습니까?
Is this the right platform for Paris?
이즈 디스 더 라잇 플랫폼 풔 패리스

이곳이 제가 내릴 정류장 맞습니까?
Is this the stop where I have to get off?
이즈 디스 더 스탑 웨얼 아이 햅투 겟 오프

이곳이 당신이 말한 건물 맞습니까?
Is this the building you mentioned?
이즈 디스 더 빌딩 유 멘션드

 **Step 3 회화 연습**

식사를 대접하다

Susan : Please go ahead, Sun-sil.
플리이스 고우 어햇, 선실

Sun-sil : Thank you. It looks so good.
땡큐. 잇 룩 소 굿

Susan : I hope you like onion soup.
아이 홉 유 라잌 어니언 숲

Sun-sil : Yes, I like it very much. 이것은 로스트 비프입니까?
예스, 아이 라잌 잇 베리 머취. 이즈 디스 로우스트 비프

Susan : Yes, it is. I hope you like it.
예스, 잇 이즈. 아이 홉 유 라잌 잇

Sun-sil : Yes, it's my favorite. … Oh, this is delicious.
예스, 잇츠 마이 페이버릿. 오우, 디스 이즈 딜리셔스

수잔 : 어서 드세요, 선실 씨.
선실 : 고마워요. 매우 맛있을 것 같군요.
수잔 : 양파 수프를 좋아하시면 좋겠습니다.
선실 : 예, 매우 좋아합니다. **Is this roast beef?**
수잔 : 그래요. 좋아하시면 좋겠습니다.
선실 : 예, 매우 좋아하는 것이에요. 아, 맛있어요.

Tips

● **subway** (지하철)

subway는 미국영어이고, 영국에서는 tube 또는 underground라고 한다.
subway for ~는 '~행 지하철'의 의미. 교통수단의 '~행'은 for를 쓴다.

the stop where I have to get off (내가 내려야 할 정류장)

get off는 '내리다' get on[in]은 '타다'
where I have to get off는 '내가 내려야 하는 (정류장)'의 의미

the building you mentioned (당신이 말한 건물)

the building (which) you mentioned는 '당신이 말한 건물'이라는 뜻. mentioned 대신에 told me라고 해도 된다. which는 관계대명사. 이 경우에는 생략할 수 있다.

Pattern 045

Does this ~ …?

이 ~은 …합니까?

낯선 여행지에서 버스나 열차를 탈 때는 불안하다. 그러므로 탈 때마다 반드시 물어보고 확인하는 것이 좋다. 하지만 짧은 영어로는 제대로 묻는 것도 제대로 알아듣는 것도 참 어려운 일이다. 가장 확실하고 좋은 방법은 지도에 행선지를 표시하고 지도를 보여주며 **Does this bus go to this place?** (이곳에 갑니까?)라고 묻는 것이다. 어딜 가든 이 문장 하나만 외우면 되니 이보다 더 편리할 수 없다!

 Step 1 기본 문장

Does this | **bus go to Central Station?**
더즈 디스 | 버스 고우 투 센트럴 스테이션
이 ~은 …합니까? | 버스는 센트럴 역에 갑

 **Step 2 패턴 훈련**

| 이 버스는 23번가에 갑니까? | **Does this** bus go to 23rd Street?
더즈 디스 버스 고우 투 투엔티 써드 스트릿 |

| 이 버스는 10시 15분에 발차합니까? | **Does this** bus leave at 10:15?
더즈 디스 버스 리브 엣 텐 피프틴 |

| 이 버스는 거기에 오후 1시에 도착합니까? | **Does this** bus arrive there at 1 p.m.?
더즈 디스 버스 어라이브 데얼 엣 원 피엠 |

| 이 열차는 로스앤젤레스에 갑니까? | **Does this** train go to Los Angeles?
더즈 디스 트레인 고우 투 로스앤젤러스 |

| 이 열차는 윌리엄즈에 정차합니까? | **Does this** train stop at Williams?
더즈 디스 트레인 스탑 엣 윌리엄즈 |

 **Step 3** 회화 연습

행선지를 묻다

Chul-su : **이 버스는 파커 스트릿행입니까?**
더즈 디스 버스 고우 투 파커 스트릿

Driver : **Yes, sir.**
옛 서

Chul-su : **Two to Parker Street, please.**
투 투 파커 스트릿 플리이스

Driver : **That'll be one dollar and twenty cents.**
댓윌 비 원 달러 앤 투앤티 센츠

Chul-su : **Can you tell us when we get there?**
캔 유 텔 어스 웬 위 겟 데얼

Driver : **All right.**
올라잇

Chul-su : **Thanks a lot.**
땡스어 랏

철수 : **Does this bus go to Parker Street?**
운전사 : 네.
철수 : 파커 스트릿까지 2장 주십시오.
운전사 : 1달러 20센트입니다.
철수 : 도착하면 가르쳐 주시겠습니까?
운전사 : 그러죠.
철수 : 감사합니다.

Tips

● **시내지도(city map)에 관련된 영어 표현**

바둑판 모양으로 구획된 도시에서는 남북으로 나있는 길을 avenue(약칭 AV), 동서로 나있는 길을 street(약칭 ST)이라고 부르기도 한다.

boulevard 가로수가 있는 길, 대로　　principal street 주요도로, 큰길
Main Street (중소도시의) 대로, 중심가　　high street 중심가(영)
back road 이면도로　　　　　　　　　alley 좁은 이면도로, 옆길

Review

다음 패턴을 이용해 문장을 만들어 보세요.

That is ~. 그것은 ~입니다.	**Is this ~?** 이것은 ~입니까?
Is this ~ …? 이 ~은 …입니까?	**Is this ~?** 이것은 ~입니까?
Does this ~ …? 이 ~은 …합니까?	

☐ 그건 내 모자**예요**.

☐ 이곳이 제가 내릴 정류장 맞**습니까**?

☐ 그건 내가 주문했**어요**.

☐ 이것은 방수**입니까**?

☐ 좋아요. / 알았**어요**. / 계약**합시다**.

☐ 이것은 수제품**입니까**?

☐ 이것은 세탁할 수 있는 것**입니까**?

☐ 이 버스**는** 거기에 오후 1시에 도착**합니까**?

☐ 이것은 휴대용**입니까**?

☐ 이 커피**는** 진**합니까**?

☐ 이 자리**는** 주인**이** 있**습니까**?

118

Pattern 041~045 복습

□ 이 문은 잠겨 있습니까?

□ 이 테이프는 재미있습니까?

□ 이 집은 비어 있습니까?

□ 이 열차는 로스앤젤레스에 갑니까?

□ 그게 요점이에요. / 중요한 건 그거예요.

□ 이것은 시청 행 지하철 맞습니까?

□ 이곳이 파리 행 플랫폼 맞습니까?

□ 이것은 시카고 행 열차 맞습니까?

□ 이곳이 당신이 말한 건물 맞습니까?

□ 이 버스는 23번가에 갑니까?

□ 이 버스는 10시 15분에 발차합니까?

□ 그게 내가 찾고 있는 거예요.

□ 이것은 읽기 쉽습니까?

□ 이 열차는 윌리엄즈에 정차합니까?

119

Pattern 046

It is ~.

그것은 ~입니다. / 그것은 ~합니다.

It is의 축약형은 It's이다. it은 앞에 이미 언급되었거나 현재 이야기되고 있는 사물, 동물을 가리키는 대명사이다. 아직 태어나지 않은 아기나 겉으로 봐서는 남자인지 여자인지 성별이 불분명한 사람이나 동물을 가리킬 때도 it을 쓴다.

Step 1 기본 문장

It is | **my seat.**
잇 이즈 | 마이 싯

그것은 ~입니다. | 내 자리

Step 2 패턴 훈련

그것은 좋은 계획입니다.
It's a good plan.
잇츠 어 굿 플랜

그것은 비쌉니다.
It's expensive.
잇츠 익스펜시브

그건 너무 커요.
It's too big.
잇츠 투 빅

그것은 하늘의 뜻입니다.
It's God's will.
잇츠 갓즈 윌

그것은 다른 문제입니다.
It's a different matter.
잇츠 어 디퍼런트 매터

얼마예요?

Sunsil : **Do you have this shirt in a small?**
두 유 해브 디스 셧 인 어 스몰

clerk : **Let me check.**
렛 미 첵

Sunsil : **How much is it?**
하우 머치 이즈 잇

clerk : **20달러입니다.**
잇츠 투엔티 달러즈

선실 : 이 셔츠 작은 사이즈 있어요?
점원 : 찾아볼게요.
선실 : 가격은 얼마예요?
점원 : **It is 20 dollars.**

● 비교급을 사용할 수 없는 형용사

full 가득 찬   perfect 완벽한   unique 유일한   empty 빈

대부분의 형용사는 비교급을 사용할 수 있다. 하지만 위의 형용사들은 이미 최고의 상태를 표현하고 있기 때문에 비교를 할 수 없다. 또한 색을 나타내는 형용사도 비교급이든 최상급이든 언제나 같은 색을 나타내기 때문에 비교급이나 최상급을 만늘 수 없다.

Pattern 047

Is it ~?

~입니까?

시간을 물어 볼 때에도 Is it ~? 패턴을 쓴다. 몇 시 몇 분이라는 시각 표현에 사용하는 전치사는 at이다. 아침, 점심, 저녁이라는 시간대 표현에도 at midnight, at lunchtime 등으로 at을 사용한다. 경축일을 나타내는 경우에도 at Christmas처럼 at을 쓴다. We must go home at Christmas.(크리스마스에는 집에 돌아가야 합니다.) at을 by로 바꾸면 '~까지'라는 의미가 된다. I'll be there by 8.(8시까지는 그곳에 가겠습니다.)

Step 1 기본 문장

Is it	7 o'clock?
이즈 잇	세븐 어클락
~입니까?	7시

Step 2 패턴 훈련

1시 10분**입니까**?
Is it one ten?
이즈 잇 원 텐

5시 15분**입니까**?
Is it five fifteen?
이즈 잇 파이브 피프틴

6시 30분**입니까**?
Is it six thirty?
이즈 잇 식스 썰티

9시 40분**입니까**?
Is it nine forty?
이즈 잇 타인 폴티

11시 50분**입니까**?
Is it eleven fifty?
이즈 잇 일레븐 피프티

 **Step 3 회화 연습**

시간을 묻다

Mr. Baker : **I'll have to be at the office by nine this morning.** 8시가 지났지요?
아윌 햅투 비 엣 디 오피스 바이 나인 디스 모닝. 이즈 잇 패스트 에잇 어클락

Ann : **Yes, it's eight ten. You have to hurry.**
예스, 잇츠 에잇 텐. 유 햅투 허리

Mr. Baker : **Do you think I should take a taxi?**
두 유 씽크 아이 슈드 테이크 어 택시

Ann : **No, you'd better go by subway. It is faster.**
노우, 유드 베터 고우 바이 서붸이. 잇 이즈 패스터

The traffic is very busy this time of the day.
더 트래픽 이즈 베리 비지 디스 타임 오브 더 데이

베이커 씨 : 오늘 아침 9시까지 사무실에 가야 해요. **Is it past eight o'clock?**
앤 : 네, 8시 10분이에요. 서두르셔야 해요.
베이커 씨 : 택시를 타는 것이 나을까요?
앤 : 아뇨. 지하철로 가는 것이 좋아요. 그것이 더 빨라요. 이 시간에는 교통이 매우 혼잡하거든요.

- **시간 표현**

  a quarter 1/4, 15분   past ~ ~지난   half 1/2, 30분
  to ~ ~전   minute(s) 분
  Is it half past two? 2:30   Is it a quarter past one? 1:15
  Is it five minutes to four? 3:55   Is it a quarter to three? 2:45

  Is it one ten? (1시 10분입니까?)
  학교에서는 Is it ten minutes past one?라고 배웠지만 회화에서는 위의 one ten처럼 숫자만을 나열해서 간단히 말한다.

  at 3 o'clock (3시에)
  '~시에'라고 할 때는 시간 앞에 at을 붙여서 다음과 같이 말한다.
  Can I see you at 4? (4시에 만날 수 있습니까?)
  Does the store open at 10? (가게는 10시에 엽니까?)

Pattern 048

There is ~.

~가 있습니다.

There is나 There are는 '~가 있다' 라는 뜻으로 가장 기본적인 문장이다. 조그만 물건이든 커다란 건물이든 하나만 있을 경우에는 There is를 쓰고 둘 이상 있을 땐 There are를 쓴다. There is의 축약형은 There's이다. 이때 there를 '거기에' 라고 해석하지 않도록 주의해야 한다.

Step 1 기본 문장

There is 데어리즈
~가 있습니다.

a book. 어 북
책 한 권이

Step 2 패턴 훈련

뭔가 있습니다.
There is something.
데어리즈 썸씽

달이 떠 있습니다.
There is the moon.
데어리즈 더 문

근처에 은행이 있어요.
There is a bank nearby.
데어리즈 어 뱅크 니어바이

뭔가 잘못되었습니다. /
약간의 실수가 있습니다.
There is some mistake.
데어리즈 썸 미스테익

우리에게 내일은 있다. (영화제목)
There is tomorrow to us.
데어리즈 투머로우 투 어스

가장 좋아하는 영화

Ann : **Do you like movie?**
두유 라잌 무비

Suho : **Yes, I love.**
예스, 아이 러브

Ann : **What is your favorite movie?**
왓 이즈 유어 페이버릿 무비

Suho : **It is 우리에게 내일은 있다.**
잇 이즈 데어리즈 투머로우 투 어스

앤 : 영화 좋아해?
수호 : 응, 아주 좋아해.
앤 : 가장 좋아하는 영화는 뭐야?
수호 : 그건 'There is tomorrow to us'.야.

Tips

● 취미

상대에게 취미가 무엇인지 물을 때
What is your hobby? (취미가 뭐예요?)
Do you have any hobbies? (취미가 뭐예요?)
What are you interested in? (무엇에 흥미가 있으세요?)
Do you like to exercise? (운동 좋아하세요?)
What kind of music do you like? (어떤 음악을 좋아하세요?)

대답할 때
I have no hobbies in particular. (특별한 취미는 없어요.)
My interests are varied. (저는 취미가 다양해요.)
I like fishing. (낚시를 좋아해요.)

Pattern 049

There's no ~.
~가 없습니다.

호텔의 욕실(bathroom)에는 수건이 준비되어 있는 것이 보통이다. 만약 수건이 보이지 않는다면 프론트에 There's no towels.라고 전화하면 가져다준다. 차 등을 마실 수 있도록 hot water(더운 물)를 한국처럼 준비해 놓은 호텔은 거의 없다. 더운 물을 원할 때에는 프론트에 다음과 같이 부탁한다. Where can I get hot water for tea?(어디에서 더운 물을 구할 수 있습니까?)

Step 1 기본 문장

There's no | **towel.**
데얼즈 노우 | 타우얼
~가 없습니다. | 수건이

Step 2 패턴 훈련

재떨이가 없습니다.
There's no ashtray.
데얼즈 노우 애쉬트래이

메뉴가 없습니다.
There's no menu.
데얼즈 노우 메뉴

식탁에 후추가 없습니다.
There's no pepper on the table.
데얼즈 노우 페퍼 온 더 테이블

저에게 온 편지가 없습니다.
There's no mail for me.
데얼즈 노우 매일 풔 유

당신에게 전언이 없습니다.
There's no message for you.
데얼즈 노우 메시쥐 풔 유

 **Step 3** 회화 연습

우체국을 찾다

Sunsil : **I'd like to send these postcards to Korea.**
아이드 라익 투 센드 디즈 포스트카즈 투 코리어

Is there a post office near this hotel?
이즈 데어러 포스트 오피스 니어 디스 호우텔

Clerk : 이 근처에는 우체국이 없습니다.
데얼즈 노우 포스트 오피스 니어 히어

But you can mail them at the front desk over there.
벗 유 캔 매일 뎀 엣 더 프론트 데스크 오우버 데얼

Sunsil : **Oh, thank you.**
오우, 땡큐

선실 : 이 엽서를 한국으로 부치고 싶습니다. 이 호텔 근처에 우체국이 있습니까?

직원 : **There's no post office near here.**

그렇지만 저기의 프론트에서 우편물을 보낼 수 있습니다.

선실 : 아, 고맙습니다.

● **message**(전언)

장기 투숙을 하는 경우, 또는 어느 호텔에 묵고 있는지 여러 사람들에게 알려 놓은 경우, 그밖에도 호텔 프론트에 당신 앞으로 메시지(message)가 와 있을 가능성은 얼마든지 있고, 때로는 메시지를 기다리고 있는 경우도 있을 것이다. 메시지 온 것이 있는지 묻거나 확인할 때는 이렇게 말한다.

Is there any message for me? (저에게 전언이 있습니까?)

Pattern 050

There's no ~.

~가 없습니다.

There is no ~는 사물이나 사람뿐만 아니라 크고 작은 모든 것, 손으로 만질 수 없는 추상적인 것에도 쓸 수 있는 표현이다. 대상이 단수일 땐 there is ~를 쓰고, 복수일 땐 there are ~를 쓴다. there isn't ~나 there aren't ~보다 '~가 없다' 라는 것을 좀 더 강조하는 느낌이 있다. isn't는 is not, aren't는 are not의 축약형이다.

Step 1 기본 문장

There's no | **time.**
데얼즈 노우 | 타임
~가 없습니다. | 시간이

Step 2 패턴 훈련

전화를 안 받아요. / 대답이 없어요.
There's no answer.
데얼즈 노우 앤서

반대는 없어요. / 아무도 반대하지 않아요.
There's no opposition.
데얼즈 노우 아퍼지슨

전기가 안 들어와요.
There's no electricity.
데얼즈 노우 이랙트리서티

태양은 없다. (영화제목)
There is no sun.
데어리즈 노 선

뜨거운 물이 안 나와요.
There's no hot running water.
데얼즈 노우 핫 러닝 워터

 **Step 3 회화 연습**

우체국을 찾다

Suho : **Hurry up!** 시간이 없어.
허리 업! 데얼즈 노우 타임

Ann : **Don't worry. We have plenty of time.**
돈 워리. 위 해브 프렌티 오브 타임

Suho : **It's absolutely not so!**
잇츠 앱설루-트리 낫 소

Ann : **Calm down, please.**
캄 다운, 플리이스

수호 : 서둘러. **There's no time!**
앤 : 걱정하지 마. (우리에게) 시간은 충분해.
수호 : 절대 그렇지 않아.
앤 : 진정해, 제발.

- **On time, in time, in good time**

    On time
    약속된 바로 그 시간에 딱 맞추는 것을 의미한다.
    The 8:15 train was **on time** at the station.
    (8시 15분 기차는 역에 정시에 있었다.)

    In time / In time for
    시간에 늦지 않게 대는 것을 의미한다.
    He was **in time** to see the beginning of the movie.
    (그는 영화의 처음 부분을 보기 위해 시간 안에 도착했다.)

    in good time
    알맞은 좋은 시간에 댄다는 뜻으로 여유 있고 넉넉하게 시간을 맞춰 온다는 것을 의미한다.
    They made it in **good time** to the airport.
    (그들은 공항에 알맞게 도착했다.)

Review

다음 패턴을 이용해 문장을 만들어 보세요.

It is ~. 그것은 ~입니다. / 그것은 ~합니다.	**Is it ~?** ~입니까?
There is ~. ~가 있습니다.	**There's no ~.** ~가 없습니다.
There's no ~. ~가 없습니다.	

☐ 반대는 **없어요**.

☐ 그것은 좋은 계획**입니다**.

☐ 그것은 비쌉니다.

☐ 그건 너무 커요.

☐ 그것은 하늘의 뜻**입니다**.

☐ 메뉴**가 없습니다**.

☐ 식탁에 후추**가 없습니다**.

☐ 5시 15분**입니까**?

☐ 6시 30분**입니까**?

☐ 전기**가** 안 들어와요.

☐ 11시 50분**입니까**?

Pattern 046~050 복습

- ☐ 뭔가 있습니다.

- ☐ 달이 떠 있습니다.

- ☐ 당신에게 전언이 없습니다.

- ☐ 약간의 실수가 있습니다.

- ☐ 우리에게 내일은 있다. (영화제목)

- ☐ 재떨이가 없습니다.

- ☐ 1시 10분입니까?

- ☐ 9시 40분입니까?

- ☐ 저에게 온 편지가 없습니다.

- ☐ 그것은 다른 문제입니다.

- ☐ 전화를 안 받아요.

- ☐ 근처에 은행이 있어요.

- ☐ 태양은 없다. (영화제목)

- ☐ 뜨거운 물이 안 나와요.

Pattern 051

Is there ~?

~가 있습니까?

'~이 있습니까?'는 Is there ~?로 묻는다. 외국에 나가면 버스, 열차의 정류장 등을 쉽게 찾을 수 없는 경우가 많다. 나라마다 '표시'가 다르기 때문이다. 우체통 등도 찾기가 어렵다. 그럴 때에는 길을 가는 사람에게 다음과 같이 물어보자. Excuse me, but is there a mail box near here? (실례지만, 근처에 우체통이 있습니까?)

Step 1 기본 문장

Is there 이즈 데얼 **a bus stop near here?** 어 버스 스탑 니어 히어

~가 있습니까? 이 근처에 버스 정류장이

Step 2 패턴 훈련

이 근처에 이발소가 있습니까?
Is there a barber shop near here?
이즈 데얼 어 바버 샵 니어 히어

이 근처에 여행사가 있습니까?
Is there a travel agency near here?
이즈 데얼 어 트래블 에이젼시 니어 히어

이 근처에 좋은 레스토랑이 있습니까?
Is there a nice restaurant near here?
이즈 데얼 어 나이스 레스트란트 니어 히어

이 도시에 경기장이 있습니까?
Is there a stadium in this city?
이즈 데얼 어 스태디엄 인 디스 시티

이 도시에 박물관이 있습니까?
Is there a museum in this city?
이즈 데얼 어 뮤지엄 인 디스 시티

 **Step 3** 회화 연습

약국이 있습니까?

Sunsil : **Where can I buy a toothbrush and some toothpaste?**
훼얼 캔 아이 바이 어 투쓰브러쉬 앤 썸 투쓰페이스트

Helen : **You can get them at a drugstore.**
유 캔 겟 뎀 엣 어 드럭스토어

Sunsil : **이 근처에 약국 있어요?**
이즈 데얼 어 드럭스토어 니어 히어

Helen : **Yes. Go to the end of this road and turn to the left. It's the third store on your right.**
예스. 고우 투 디 앤 오브 디스 로드 앤 턴 투 더 레프트. 잇츠 더 써드 스토어 온 유어 라잇

Sunsil : **Thank you very much.**
땡큐 베리 머취

Helen : **Not at all.**
낫 엣 올

선실 : 치약과 칫솔은 어디에서 살 수 있습니까?
헨렌 : 약국에서 살 수 있어요.
선실 : **Is there a drugstore near here?**
헨렌 : 네. 이 길 끝까지 가서 왼쪽으로 도세요. 약국은 오른쪽 세 번째 가게에요.
선실 : 고맙습니다.
헨렌 : 천만에요.

Tips

● 위치를 물을 때 응용할 수 있는 단어

airport 공항	inn 여관, 여인숙
mall 쇼핑센터	hot spring 온천
snack bar 간이식당	supermarket 슈퍼마켓
palace 궁전	department store 백화점
convenience store 편의점	hotel 호텔
shop 상점, 가게	

Pattern 052

Are there any ~?

(혹시) ~이 있습니까?

'~이 있습니까?' 라고 물을 때, 묻고자 하는 것이 단수일 때는 앞에서 배운 것처럼 **Is there ~?**로 간단하게 물으면 되지만 복수일 때는 **Are there any ~?**를 써서 '혹시 ~가 있습니까' 라는 의미를 만든다. 이처럼 의문문과 부정문에서는 **any**를 쓰고 긍정문에서는 **some**을 쓴다.

 Step 1 기본 문장

Are there any | **boxes?**
아 데얼 애니 | 박시스
~이 있습니까? | 특별석이

 Step 2 패턴 훈련

(혹시) 남아 있는 표가 있습니까?	**Are there any** tickets left? 아 데얼 애니 티킷스 레프트
방문할 장소가 있습니까?	**Are there any** places to visit? 아 데얼 애니 플레이시스 투 비짓
오래된 교회가 있습니까?	**Are there any** old churches? 아 데얼 애니 오울드 쳐취스
근처에 모텔은 있습니까?	**Are there any** motels here? 아 데얼 애니 모우텔스 히어
봐야 할 동물이 있습니까?	**Are there any** animals to see? 아 데얼 애니 애니멀스 투 씨

침대차 표를 사다

Mr. Smith : I want a berth on Saemaul the day after tomorrow?
아이 원 어 벌쓰 온 새마을 더 데이 에프터 투머로우

Ticket Clerk : I'm sorry, all the seats are sold out.
아임 소리, 올 더 싯츠 아 솔드 아웃

Mr. Smith : 다른 침대차가 혹시 있습니까?
아 데얼 애니 아더 슬리퍼스 어벨러블

Ticket Clerk : Yes, sir.
옛서

Mr. Smith : What time does it leave?
왓 타임 더즈 잇 리브

Ticket Clerk : At 5:05 p.m.
엣 파이브 오우 파이브 피엠

Mr. Smith : I'll take it. Two B berths to Busan.
아윌 테이크 잇. 투 비 벌쓰즈 투 부산

스미스 씨	:	모레 새마을 침대차 표를 사고 싶습니다.
티켓 판매원	:	죄송하지만 매진되었습니다.
스미스 씨	:	Are there any other sleepers available?
티켓 판매원	:	있습니다.
스미스 씨	:	몇 시 출발입니까?
티켓 판매원	:	오후 5시 5분 차입니다.
스미스 씨	:	그걸 사겠습니다. 부산까지 B 침대표 2장 주세요.

Tips

● **box** (박스석, 특별석)

극장 등의 '특별석'은 **box**라고 한다. 비싼 가격을 감당할 수만 있다면 일류 극장의 박스석에서 관람해 보는 것도 여행하는 동안의 새롭고 특별하고 즐거운 추억이 될 것이다.

tickets left는 '남아 있는 표'이다. 이때의 **left**는 '왼쪽'이 아니고 **leave**(남아 있다)의 뜻이다. **anything left**(남아 있는 것)처럼 쓴다.

Pattern 053

Is it ~ today?

오늘은 ~(요일)입니까?

학습일

여행 중에는 무슨 요일인지를 잊는 경우가 있다. 그때는 **What day (of the week) is it today?** ((오늘은) 무슨 요일입니까?) **Is it Monday today?** (오늘은 월요일입니까?)라고 물어보면 된다. 미국이나 유럽에서는 날짜보다 요일을 주로 쓴다. 요일을 물을 때에도 물론 **it**을 사용하지만 다음과 같이 물어도 된다. **Is today Thursday?** (오늘이 목요일입니까?)

Step 1 기본 문장

Step 2 패턴 훈련

오늘은 수요일입니까?	**Is it** Wednesday **today**? 이즈 잇 웬즈데이 투데이
오늘은 토요일입니까?	**Is it** Saturday **today**? 이즈 잇 쎄러데이 투데이
오늘은 일요일입니까?	**Is it** Sunday **today**? 이즈 잇 선데이 투데이
오늘은 목요일입니까?	**Is it** Thursday **today**? 이즈 잇 썰스데이 투데이
오늘은 금요일입니까?	**Is it** Friday **today**? 이즈 잇 프라이데이 투데이

 **Step 3 회화 연습**

이태리 식당을 권유하다

Mary : 오늘이 목요일이에요?
이즈 잇 썰스데이 투데이

Sunsil : Yes. Today is Thursday.
예스. 투데이 이즈 썰스데이

Mary : Will you be able to have dinner with me tomorrow evening?
윌 유 비 에이블 투 해브 디너 위드 미 투머로우 이브닝

I know a good Italian restaurant downtown.
아이 노우 어 굿 이탤리언 레스트란트 다운타운

Sunsil : Tomorrow evening? Yes, I'd love to. That's kind of you.
투머로우 이브닝? 예스 아이드 러브 투. 댓츠 카인드 오브 유

Mary : Their pizza's excellent.
데어 피-처즈 엑설런트

Sunsil : I like pizza very much.
아이 라익 피-처 베리 머취

메리 : Is it Thursday today?
선실 : 네. 목요일이에요.
메리 : 내일 오후에 나와 식사할 수 있겠어요? 시내에 훌륭한 이태리 식당이 있어요.
선실 : 내일 저녁이요? 네, 좋아요. 고마워요.
메리 : 피자가 아주 훌륭해요.
선실 : 저는 피자를 매우 좋아해요.

Tips

● **I see.와 I understand.의 차이**

I see.와 I understand.는 둘 다 자주 사용하는 표현이고 모두 '이해하다' 라는 의미이지만 see는 '납득하다, 알다' 라는 범위의 이해, understand는 머리로 이해하는 것뿐만 아니라 마음속으로도 '이해하다' 라는 차이가 있다.

그러면 왜 understand(아래에 서다)가 '이해하다' 가 되었을까? 영어권의 게르만 민족계의 앵글로 색슨은 수렵민족이었다. 전투 집단이 형성되고 리더가 생겨나면서 어느 리더 아래에 서는가의 선택이 생겼다. 리더의 마음을 이해하는 것이 강한 군대를 만들게 되는 것이다. 즉 '리더 아래에 서다' 가 '이해하다' 라는 의미로 된 것이다.

Pattern 054

Is it ~ today?

오늘은 ~일입니까?

한국에서는 날짜를 위주로 쓰지만, 유럽이나 미국에서는 요일을 주로 쓴다. **Come to see me next Wednesday?** (다음 수요일에 와 주시겠어요?)하는 식이다. 하지만 우리는 요일보다 날짜에 익숙하니 어쩔 수 없이 날짜를 묻게 된다. **Is it May 16th?** (5월 16일입니까?) 날짜를 물을 때 **today** (오늘)는 생략해도 된다.

 Step 1 기본 문장

Is it June 23rd **today**?
이즈 잇 준 투엔티 써드 투데이
~입니까? 6월 23일 오늘은

 **Step 2 패턴 훈련**

오늘은 5월 5일입니까?
Is it May 5th **today**?
이즈 잇 메이 휘프스 투데이

오늘은 7월 2일입니까?
Is it July 2nd **today**?
이즈 잇 줄라이 세컨드 투데이

오늘은 9월 11일입니까?
Is it September 11th **today**?
이즈 잇 셉템벌 일레븐스 투데이

오늘은 10월 30일입니까?
Is it October 30th **today**?
이즈 잇 옥토벌 썰티스 투데이

오늘은 12월 24일입니까?
Is it December 24th **today**?
이즈 잇 디셈벌 투엔티풜스 투데이

 **Step 3 회화 연습**

언제 하와이에 갑니까?

Henry : **When are you going to Hawaii?**
웬 아 유 고잉 투 허와이

Betty : **The fifteenth of this month.**
더 피프틴스 오브 디스 먼스

Henry : **오늘이 6월 8일이죠?**
이즈 잇 준 디 에잇스 투데이

Betty : **Yes. So I'm leaving here in a week's time.**
예스. 소 아임 리빙 히얼 인 어 윅스 타임

Henry : **And when will you come back?**
앤 웬 윌 유 캄 백

Betty : **Tuesday, July the third.**
튜주데이, 줄라이 더 써드

헨리 : 언제 하와이에 가세요?
베티 : 이번 달 15일이에요.
헨리 : **Is it June the eighth today?**
베티 : 네. 1주일 후면 출발합니다.
헨리 : 그러면 언제 돌아오세요?
베티 : 7월 3일 화요일이에요.

● **날짜(월일) 말하는 법**

'6월 23일'은 June (the) twenty-third라고 한다. the는 생략해도 좋다. 23rd가 번거롭다면 **twenty-three**라고 해도 된다.

Pattern 055

It's ~.

날씨가 ~입니다. / 날씨가 ~합니다.

사람들이 만나서 대화를 나눌 때 빠지지 않는 것 가운데 하나가 날씨 얘기다. 날씨를 말할 때에는 It을 쓴다. 날씨에 관한 다양한 표현을 익혀두면 꽤 유용하게 쓸 수 있다. **It's hot.** (덥다.) / **It's cool.** (시원하다.) / **It's cold.** (춥다.) / **It's freezing.** (얼어버릴 것처럼 춥다.) 등 날씨에 따라 구체적으로 표현해 보자.

Step 1 기본 문장

It's	hot.
잇츠	핫
날씨가 ~합니다.	더운

Step 2 패턴 훈련

날이 어두워요.	**It's** dark. 잇츠 닭
날이 따뜻해요.	**It's** warm. 잇츠 웜
아주 춥고 건조하네요.	**It's** very cold and dry. 잇츠 베리 콜드 앤 드라이
춥고 바람 부는 날입니다.	**It's** a cold and windy day. 잇츠 어 콜드 앤 윈디 데이
날이 습하네요.	**It's** humid. 잇츠 휴미드

 **Step 3** 회화 연습

날이 더워요.

Ann : **날이 더워요.**
　　　잇츠 핫

Suho : **It's always hot in Thailand.**
　　　잇츠 올웨이즈 핫 인 타이랜드

Ann : **It's a calm, cloudless day.**
　　　잇츠 어 캄, 크라우드러스 데이

Suho : **They say, It'll rain tomorrow.**
　　　데이 세이, 잇윌 레인 투머로우

앤　 : **It's hot.**
수호 : 태국은 늘 더워요.
앤　 : 바람 한 점, 구름 한 점 없는 날씨네요.
수호 : 내일은 비가 온대요.

● 날씨에 관한 표현 – 비
　It feels like raining. (비가 올 것 같아요.)　　It's likely to rain. (비가 올 것 같아요.)
　It'll probably rain soon. (곧 비가 올 것 같아요.)　It's pouring. (비가 억수로 와요.)
　It rains cats and dogs. (비가 억수로 와요.)

Review

다음 패턴을 이용해 문장을 만들어 보세요.

Is there ~? ~가 있습니까?	**Are there any ~?** 혹시 ~이 있습니까?
Is it ~ today? 오늘은 ~(요일)입니까?	**Is it ~ today?** 오늘은 ~일입니까?
It's ~. 날씨가 ~입니다. / 날씨가 ~합니다.	

☐ 오늘은 12월 24일**입니까**?

☐ 오늘은 수요일**입니까**?

☐ 이 근처에 여행사**가 있습니까**?

☐ 날이 따뜻해요.

☐ 이 도시에 경기장**이 있습니까**?

☐ 이 도시에 박물관**이 있습니까**?

☐ (혹시) 남아 있는 표**가 있습니까**?

☐ 방문할 장소**가 있습니까**?

☐ 오래된 교회**가 있습니까**?

☐ 오늘은 목요일**입니까**?

☐ 봐야 할 동물**이 있습니까**?

Pattern 051~055 복습

- [ ] 아주 춥고 건조**하네요**.

- [ ] **오늘은** 토요일**입니까**?

- [ ] **오늘은** 7월 2일**입니까**?

- [ ] 이 근처에 이발소**가 있습니까**?

- [ ] **오늘은** 금요일**입니까**?

- [ ] **오늘은** 5월 5일**입니까**?

- [ ] **오늘은** 9월 11일**입니까**?

- [ ] 근처에 모텔**은 있습니까**?

- [ ] **오늘은** 10월 30일**입니까**?

- [ ] 이 근처에 좋은 레스토랑**이 있습니까**?

- [ ] **날이** 어두워**요**.

- [ ] **오늘은** 일요일**입니까**?

- [ ] 춥고 바람 부**는 날입니다**.

- [ ] **날이** 습**하네요**.

Pattern 056

It's a ~ day, isn't it?

~(날)이지요?

날씨를 화제로 인사를 시작하는 것도 괜찮다. 문장 뒤에 **isn't it**을 붙이면 '~이지요? / ~입니다, 안 그래요?' 라는 다정하고 부드러운 표현이 된다. 날씨뿐만 아니라 시간을 말할 때도 **it**을 쓴다. 그런 경우에 **it**을 '그것은' 이라고 해석하지 않도록 주의하자. **It's a warm day.**(따뜻한 날입니다.)를 **It's warm. / It's fine. / It's cold.** 처럼 **day**를 생략해 표현할 때는 **a**도 함께 생략해야 한다.

Step 1 기본 문장

It's a	fine	day, isn't it?
잇츠 어	화인	데이, 이즌ㅌ 잇
~이지요?	좋은	날, 그렇지 않나요

Step 2 패턴 훈련

오늘은 좋은 날씨죠?
It's a nice day, isn't it?
잇츠 어 나이스 데이, 이즌ㅌ 잇

오늘은 따뜻하죠?
It's a warm day, isn't it?
잇츠 어 웜 데이, 이즌ㅌ 잇

오늘은 춥죠?
It's a cold day, isn't it?
잇츠 어 코울드 데이, 이즌ㅌ 잇

오늘은 날씨가 좋지 않죠?
It's a bad day, isn't it?
잇츠 어 뱃 데이, 이즌ㅌ 잇

오늘은 멋진 날이죠?
It's a lovely day, isn't it?
잇츠 어 러블리 데이, 이즌ㅌ 잇

 **Step 3** 회화 연습

좋은 날씨지요?

Dick : **좋은 날씨지요?**
잇츠 어 뷰리펄 데이 이즌트 잇

Chul-su : **Yes, indeed.**
예스, 인디드

Why don't you play tennis with me this afternoon?
와이 돈츄 플레이 테니스 위드 미 디스 애프터눈

Dick : **I'm sorry, but I'm busy today.**
아임 소리, 벗 아임 비지 투데이

Chul-su : **How about next Sunday?**
하우 어바웃 넥스트 선데이

Dick : **Next Sunday will be fine.**
넥스트 선데이 윌 비 화인

딕 : **It's a beautiful day, isn't it?**
철수 : 정말 그래요. 오늘 오후에 나랑 테니스 치지 않을래요?
딕 : 미안하지만 오늘은 바빠요.
철수 : 다음 일요일은 어때요?
딕 : 다음 일요일이라면 좋아요.

Tips

● 날씨에 관한 표현 – 더위

It's terrible heat today. (오늘은 지독하게 덥네요.)
What a sizzler! (엄청 무더워요.)
I hate these dog days. (이런 무더운 날은 싫어요.) *dog days : 7, 8월의 무더운 날
Looks like another scorcher today. (오늘도 푹푹 찔 것 같아요.)

145

Pattern 057

It's a big ~.
~가 큽니다.

It's a big ~. 패턴에 little을 넣으면 '조금 크다' 라는 의미가 된다. little에는 '작은' 이라는 의미 말고도 '조금' 이라는 의미가 있다. 비교해 보면 그 차이를 금방 알수 있을 것이다. I can speak a little English.(저는 영어를 조금 합니다.) / Drink a little of this.(이걸 조금 마셔요.)
〈비교〉 She's a little girl.(그녀는 작은 소녀입니다.)

Step 1 기본 문장

It's a	little	big	around the bust.
잇츠 어	리를	빅	어라운ㄷ 더 버스트
~입니다.	좀	큰	가슴둘레가

Step 2 패턴 훈련

엉덩이 둘레가 좀 **작습니다**.
It's a little **small** around the hips.
잇츠 어 리를 스몰 어라운ㄷ 더 힙스

허리둘레가 **작습니다**.
It's a little **small** around the waist.
잇츠 어 리를 스몰 어라운ㄷ 더 웨이스트

어깨가 **큽니다**.
It's a little **big** around the shoulders.
잇츠 어 리를 빅 어라운ㄷ 더 쇼울더즈

옆방이 매우 **시끄럽습니다**.
It's very **noisy** next door.
잇츠 베리 노이지 넥스트 도어

밖은 매우 **어둡습니다**.
It's very **dark** outside.
잇츠 베리 닥 아웃사이드

 Step 3 회화 연습

어깨가 조금 크다

Clerk : **What can I do for you?**
왓 캔 아이 두 풔 유

Betty : **I'm looking for a blouse. May I try this on?**
아임 루킹 풔러 블라우스. 메이 아이 트라이 디스 온

Clerk : **Yes, there is a fitting room.**
예스, 데어리즈 어 핏팅 룸

Betty : 어깨가 조금 크네요, **A smaller one, please.**
잇츠 어 리를 빅 어라운드 더 쇼울더즈, 어 스몰러 원, 플리이스

Clerk : **O.K. Just a second, please.**
오우케이. 져슷 어 세컨드, 플리이스

점원 : 무엇을 도와 드릴까요?
베티 : 블라우스를 찾고 있습니다. 이것 좀 입어볼 수 있을까요?
점원 : 물론이죠, 여기 탈의실이 있습니다.
베티 : **It's a little big around the shoulders.** 좀 더 작은 걸로 주세요.
점원 : 알겠습니다. 잠깐만 기다리세요.

 Tips

● **noisy**(시끄럽다)
호텔 방 등에서는 조용히 하는 것이 에티켓이지만, 간혹 큰 소리로 시끄럽게 떠드는 사람들이 있다. 주위가 시끄러울 때는 직접 가서 말하지 말고 프론트에 전화해서 다음과 같이 말하면 된다.
It's very noisy next door. (옆방이 매우 시끄러워요.)

Pattern 058

My room number is ~.

제 방 번호는 ~입니다.

- **house number**(집 번지) : 미국은 번지가 매우 잘 정리되어 있다. 도로 한 쪽의 번지가 1, 3, 5 …면 반대측은 반드시 2, 4, 6 … 식이다.
- 번호 읽는 법 : **room number 703** 등은 **seven hundred three**라고 하지 않고 **seven-oh-three**라고 한다. 전화번호도 같은 식으로 읽는다. '0'는 'zero'라고 해도 되지만, 보통 'oh'라고 읽는다.

 Step 1 기본 문장

| **My room number is** | **1203.** |
| 마이 룸 넘벌 이즈 | 투엘브 오우 쓰리 |

제 방 번호는 ~입니다.   1203

 **Step 2 패턴 훈련**

제 집 번호는 1265입니다.
My house number is 1265.
마이 하우스 넘벌 이즈 투엘브 식스 파이브

제 전화번호는 864-9170입니다.
My telephone number is 864-9170.
마이 텔리포운 넘벌 이즈 에잇 식스 풔 나인 원 세븐 오우

제 차 번호는 EN-3528입니다.
My car license number is EN-3528.
마이 카 라이슨스 넘벌 이즈 이엔 쓰리 파이브 투 에잇

비행편 번호는 서울행 426편입니다.
The flight number is 426 for Seoul.
더 플라잇 넘벌 이즈 풔 투 식스 풔 서울

비행편 번호는 파리행 258편입니다.
The flight number is 258 for Paris.
더 플라잇 넘벌 이즈 투 파이브 에잇 풔 패리스.

 **Step 3 회화 연습**

전화로 호텔방을 예약하다

Operator : **Bay Hotel.**
베이 호텔

Chul-su : **Reservation desk, please.**
리저베이션 데스크, 플리이스

Clerk : **Reservation desk.**
리저베이션 데스크

Chul-su : **Do you have a single room available for three days from May 5th?**
두 유 해브어 싱글 룸 어베일러블 풔 쓰리 데이즈 프럼 메이 휩스

Clerk : **May 5th? Hold the line please. … Sorry to have kept you waiting. We have a room available, sir.**
메이 휩스? 홀드 더 라인 플리이스. 쏘리 투 해브 켑트 유 웨이팅. 위 해브어 룸 어베일러블, 써

May I have your name and your telephone number, please?
메이아이 해브 유어 내임 앤 유어 텔리포운 넘벌, 플리이스

Chul-su : **My name is Chul-su Kim, and 전화번호는 723-1279입니다.**
마이 내임 이즈 철수 김, 앤 마이 텔리포운 넘벌 이즈 세븐 투 쓰리 투엘브 세븐 나인

Clerk : **Thank you, sir.**
땡큐, 써

Chul-su : **Much obliged to you.**
머취 어블라이쥐드 투 유

직원 : 베이 호텔입니다.
철수 : 예약계를 부탁합니다.
직원 : 예약계입니다.
철수 : 5월 5일부터 사흘간 싱글룸을 예약할 수 있습니까?
직원 : 5월 5일입니까? 잠시 기다려 주십시오. 기다리게 해서 죄송합니다. 방을 이용하실 수 있습니다. 이름과 전화번호를 가르쳐 주세요.
철수 : 김철수입니다. **my telephone number is 723-1279.**
직원 : 감사합니다.
철수 : 수고 많으셨습니다.

Pattern 059

~ is[are] dirty.
~이 더럽습니다.

일류 호텔이라면 수건이나 욕실이나 침대보가 더러울 걱정은 없겠지만 간혹 저렴한 비용의 호텔은 깨끗하지 않을 수도 있다. 그럴 때에는 바꿔 달라고 하면 된다. 특히 **bathroom**은 화장실(**toilet**)과 겸용이므로 구석구석 깨끗이 청소되어 있지 않으면 좀 더러울 가능성이 높다. 이런 경우에는 영어가 짧은 것을 한탄하며 꾹 참지 말고 당당하게 청소해 달라고 요구하자.

 Step 1 기본 문장

The bathroom 더 배쓰룸 > **is dirty.** 이즈 더-ㄹ티

욕실이 　　　　　　　　　　　더럽습니다.

 **Step 2 패턴 훈련**

수건이 **더럽습니다**. 　　　　　The towel **is dirty**.
　　　　　　　　　　　　　더 타우얼 이즈 더-ㄹ티

방이 **어둡습니다**. 　　　　　　The room **is dark**.
　　　　　　　　　　　　　더 룸 이즈 닭

가방이 **무겁습니다**. 　　　　　The bag **is heavy**.
　　　　　　　　　　　　　더 백 이즈 해비

웨이트리스들이 매우 **친절합니다**. The waitresses **are** very **kind**.
　　　　　　　　　　　　　더 웨이트리시즈 아 베리 카인드

바지의 허리가 **낍니다**. 　　　　The pants **are tight** around the waist.
　　　　　　　　　　　　　더 팬츠 아 타잇 어라운ㄷ 더 웨이스트

Step 3 회화 연습

교통이 매우 혼잡하다

Chul-su : **I'm sorry I'm late, Harry.** 교통체증이 너무 심해서요.
아임 소리 아임 레이트, 해리. 더 트래픽 워즈 배리 비지

Harry : **Oh, that's all right.**
오, 댓츠 올라잇

Chul-su : **Have you been waiting long?**
해뷰 빈 웨이팅 롱

Harry : **I arrived here at noon.**
아이 어라이브드 히얼 엣 눈

Chul-su : **I'm really sorry.**
아임 리얼리 소리

철수 : 늦어서 죄송해요, 해리. **The traffic was very busy.**
헨리 : 괜찮아요.
철수 : 오래 기다렸어요?
헨리 : 정오에 도착했어요.
철수 : 정말 미안합니다.

Tips

● 의복과 관련된 용어 ①

pants
바지는 pants 또는 trousers라고 한다.
우리말의 '팬티'는 영어로는 underpants, 여성용 속내의는 panties이다.

의복용어

bust 가슴	arm 팔	hips 엉덩이
elbow 팔꿈치	waist 허리	neck 목
sleeves 소매	sleeveless 민소매	shoulder 어깨
hem 끝단	collar 깃, 칼라	pocket 주머니

Pattern 060

I'm looking for ~.

~을 찾고 있습니다.

미국의 약국에서는 가벼운 식사나 일용품 같은 간단한 개인용품은 물론 커피나 간단한 음료도 살 수 있다. 길 가는 사람에게 **Excuse me, but I'm looking for a drugstore.**(실례지만, 약국을 찾고 있습니다.)하고 물었는데 상대방이 가르쳐 주는 것을 이해할 수 없다면 약도를 그려달라고 부탁해 보자. **Please wait a minute. Will you draw a map here?**(잠깐만요. 약도 좀 그려주세요.)

Step 1 기본 문장

I'm looking for a drugstore.
아임 루킹 풔   어 드럭스토어

저는 ~을 찾고 있습니다.   약국을

Step 2 패턴 훈련

제 여권을 찾고 있습니다.
I'm looking for my passport.
아임 루킹 풔 마이 패스포트

제 안경을 찾고 있습니다.
I'm looking for my glasses.
아임 루킹 풔 마이 글래시스

작은 장난감 자동차를 찾고 있습니다.
I'm looking for a small toy car.
아임 루킹 풔러 스몰 토이 카

트위드 수트를 찾고 있습니다.
I'm looking for a tweed suit.
아임 루킹 풔러 트위드 숫트

펜던트를 찾고 있습니다.
I'm looking for a pendant.
아임 루킹 풔러 펜던트

 **Step 3** 회화 연습

열쇠를 찾고 있다

Chul-su : **Haven't you seen my wallet, Roy? I can't find it.**
해븐츄 씬 마이 월럿, 로이? 아이 캔트 파인드 잇

Roy : **No, I haven't. How much money did you have in it?**
노우, 아이 해븐트. 하우 머취 머니 디쥬 해브 인 잇

Chul-su : **Not much.** 지갑 속에 있는 열쇠를 찾고 있어요.
낫 머취. 아임 루킹 풔 마이 키 인 더 월럿

Roy : **When did you see it last?**
웬 디쥬 씨 잇 래스트

Chul-su : **Let me think. I put it in my bag, and then…**
렛 미 씽크. 아이 풋 잇 인 마이 백 앤 댄

Oh, yes, I remember! It's in my raincoat pocket.
오, 예스, 아이 리멤벌! 잇츠 인 마이 레인코우트 파킷

철수 : 내 지갑 못봤어요? 로이. 찾을 수가 없어요.
로이 : 못 봤어요. 돈이 얼마나 들어 있어요?
철수 : 많이 들어 있지는 않아요. **I'm looking for my key in the wallet**.
로이 : 마지막으로 지갑을 언제 보았어요?
철수 : 음. 지갑을 가방에 넣고 그리고 나서, 아! 생각났어요! 레인코트 주머니에 있어요.

Tips

● 의복과 관련된 용어 ②

suit 양복	underwear 속옷	jacket 상의
pajamas 잠옷	blouse 블라우스	swimsuit 수영복
coat 코트, 웃옷	jeans 청바지	sweater 스웨터
shirt 셔츠	cardigan 가디건	stocking 스타킹
vest 조끼	skirt 치마	socks 양말

Review

다음 패턴을 이용해 문장을 만들어 보세요.

It's a ~ day, isn't it? ~(날)이지요?	**It's a big ~.** ~가 큽니다.
My room number is ~. 제 방 번호는 ~입니다.	**~ is[are] dirty.** ~이 더럽습니다.
I'm looking for ~. ~을 찾고 있습니다.	

☐ 오늘은 좋은 **날씨**죠?

☐ 제 **여권**을 찾고 있습니다.

☐ 오늘은 **따뜻하**죠?

☐ 오늘은 **춥**죠?

☐ 오늘은 날씨가 좋지 않죠?

☐ **트위드 수트**를 찾고 있습니다.

☐ 엉덩이 둘레가 좀 **작습니다**.

☐ **제 전화번호**는 864-9170**입니다**.

☐ 어깨가 **큽니다**.

☐ 수건이 **더럽습니다**.

☐ 밖은 매우 **어둡습니다**.

Pattern 056~060 복습

☐ 제 집 번호는 1265입니다.

☐ 옆방이 매우 시끄럽습니다.

☐ 제 차 번호는 EN-3528입니다.

☐ 비행편 번호는 서울행 426편입니다.

☐ 허리둘레가 작습니다.

☐ 작은 장난감 자동차를 찾고 있습니다.

☐ 방이 어둡습니다.

☐ 가방이 무겁습니다.

☐ 웨이트리스들이 매우 친절합니다.

☐ 바지의 허리가 낍니다.

☐ 오늘은 멋진 날이죠?

☐ 제 안경을 찾고 있습니다.

☐ 비행편 번호는 파리행 258편입니다.

☐ 펜던트를 찾고 있습니다.

Pattern 061

Show me ~.

~을 보여 주세요.

이것은 알아두면 참 편리한 문장이다. 물건의 이름을 몰라도 사용할 수 있고 길을 물을 때도 이 패턴을 써서 다음과 같이 말할 수 있다.
Show me the way to the palace, please. (궁전으로 가는 길을 가르쳐 주세요.)
show me 대신 tell me를 써도 같은 의미이다.

Step 1 기본 문장

Show me	that, please.
쇼우 미	댓, 플리이스
~을 보여 주세요.	저것을

Step 2 패턴 훈련

저 위스키를 보여 주세요.
Show me that whisky, please.
쇼우 미 댓 위스키, 플리이스

저 넥타이를 보여 주세요.
Show me that tie, please.
쇼우 미 댓 타이, 플리이스

트윈룸을 주세요.
Give me a twin, please.
기브 미 어 트윈, 플리이스

다른 색을 주세요.
Give me another color, please.
기브 미 어나더 컬러, 플리이스

제 사이즈를 말해 주세요.
Tell me my size, please.
쇼우 미 마이 사이즈, 플리이스

넥타이를 고르다

Clerk : **May I help you?**
메이 아이 핼퓨

Chul-su : **저 푸른색 넥타이를 보여 주세요.**
쇼우 미 댓 블루 넥타이 플리이스

Clerk : **Yes, sir. ··· Here you are.**
옛서. 히얼 유 아

Chul-su : **How does it look on me?**
하우 더즈 잇 룩 온 미

Clerk : **(It) Looks very good on you, sir.**
(잇) 룩스 베리 굿 온 유, 써

점원 : 어서 오십시오.
철수 : **Show me that blue necktie, please.**
점원 : 네, 손님. 여기 있습니다.
철수 : 나에게 어울립니까?
점원 : 매우 잘 어울립니다, 손님.

Tips

● 브랜드

한국인은 '브랜드 제품'을 좋아한다고 한다. 이 경우의 '브랜드'란 '고급품'이라는 의미로 쓰이고 있지만, 영어의 brand에는 이러한 의미는 없고, 단순히 상품의 명칭, 이름을 말한다. 그러므로 유명한 브랜드는 a famous band, 인기 있는 브랜드는 a popular brand 등으로 형용사를 붙여 쓴다. '브랜드 상품'은 name brands 또는 brand name goods라고 한다.

Pattern 062

Let's ~.

~합시다.

Let's ~.는 상대방에게 '~합시다'라고 권하는 표현이다. Let us를 줄인 말인데 주로 일인칭 복수 명령(권유)에 쓴다. 하지만 상황에 따라 Let's와 Let us는 다른 뜻으로 쓰일 때가 있다. Let's go to the concert.라고 하면 말하는 사람과 듣는 사람 모두 콘서트에 가자는 뜻이지만 Let us go to the concert.라고 하면 말하는 사람이 듣는 사람에게 허락을 구하는 표현이 되어 듣는 사람은 us에 포함되지 않는다.

Step 1 기본 문장

Let's 렛츠
~합시다.

sing together. 씽 투게더ㄹ
함께 노래를

Step 2 패턴 훈련

드라이브 하러 **갑시다**.
Let's go for a drive.
렛츠 고우 풔러 드라이브

함께 저녁식사 하러 **갑시다**.
Let's have dinner together.
렛츠 해브 디너 투게더ㄹ

센트럴 파크에 **갑시다**.
Let's visit Central Park.
렛츠 비짓 센트럴 팍

쇼를 보러 **갑시다**.
Let's go to see a show.
렛츠 고우 투 씨 어 쇼우

곧 출발**합시다**.
Let's start at once.
렛츠 스타트 엣 원스

 **Step 3 회화 연습**

야구 구경을 권하다

Henry : **What sports do you like, Chul-su?**
왓 스포츠 두 유 라익, 철수

Chul-su : **I like baseball and tennis.**
아이 라익 베이스볼 앤 테니스

Henry : **There's a major league ball game tonight at Yankee Stadium.** 게임을 보러 갑시다.
데얼즈 어 메이저 리그 볼 게임 투나잇 엣 양키 스타디움. 렛츠 고우 앤 워치 더 게임

Chul-su : **Yes, let's.**
예스, 렛츠

헨리 : 철수 씨, 어떤 스포츠를 좋아하세요?
철수 : 야구와 테니스를 좋아해요.
헨리 : 오늘밤 양키즈 스타디움에서 메이저리그 야구경기가 있어요.
Let's go and watch the game.
철수 : 네, 갑시다.

Tips

● **go와 visit**

Let's **go to** the museum. (미술관에 갑시다.)
Let's **visit** the museum. (미술관에 갑시다.)
go에는 to가 붙지만, visit은 visit to라고 쓰지 않는다.

Pattern 063

Let me ~.

제가 ~하겠습니다. / 제가 ~하게 해주세요.

Let me ~는 '나에게 ~를 시켜줘, 내가 ~를 하게 해줘, 내가 ~를 할게' 라는 표현이다. I'll ~ 보다 훨씬 부드럽고 간곡한 느낌으로 나에게 어떤 일을 할 수 있는 기회를 달라고 말할 때 쓴다.

Step 1 기본 문장

Let me	help you.
렛 미	핼프 유
제가 ~하겠습니다.	도와주다

Step 2 패턴 훈련

갈게요. / 가게 해주세요.
Let me go.
렛 미 고우

내가 그 일을 할게요.
Let me do it.
렛 미 두 잇

내가 한 번 볼게요.
Let me take a look.
렛 미 테이크 어 룩

집에 바래다줄게요.
Let me take you home.
렛 미 테이크 유 홈

거기에 있을게. / 거기에 있게 해줘.
(노래 제목)
Let me be there.
렛 미 비 데얼

160

 **Step 3** 회화 연습

혼자 있고 싶어요.

Ann : <u>내가 도와줄게.</u>
렛 미 핼프 유

Suho : **No, thank you.**
노, 쌩큐

Ann : **Can I get you anything from the concession stand?**
캔 아이 겟 유 애니씽 프럼 더 컨세션 스탠드

Suho : **Let me alone!**
렛 미 어론

앤 : <u>Let me help you.</u>
수호 : 고맙지만 됐어.
앤 : 매점에서 뭐 사다 줄까?
수호 : 나 좀 혼자 있게 나둬!

- **부탁**

  상대에게 뭔가를 부탁할 때에는 무조건 **please**를 붙이자. 그러면 명령문도 정중한 표현이 된다. 본격적으로 부탁하기 전에 다음과 같은 말로 먼저 말을 걸어보자.

  Can I ask you a favor? (부탁 하나 해도 될까요?)
  Would you do me a favor? (부탁 하나 들어주실래요?)
  Could you lend me a hand? (좀 도와주시겠어요?)
  Will you help me? (좀 도와줄래요?)
  I'm begging you. (제발 부탁이에요.)

Pattern 064

I'll ~.
제가 ~하겠습니다.

I'll be back! 누구나 한번쯤은 이 말을 되뇌어 보았을 것이다. 터미네이터 이후 누가 I'll 하면 저절로 be back이 떠오를 정도로 너무나 유명해져서 백과사전에 등록되었다. I'll은 I will을 줄인 것으로 미래의 일을 나타낼 뿐만 아니라 내가 무엇을 하겠다는 의지를 나타낼 때도 쓴다. 반대로 어떤 일을 하지 않겠다고 분명하게 말할 때는 I won't를 쓴다.

Step 1 기본 문장

I'll 아윌
제가 ~하겠습니다.

be back. 비 백
돌아오다

Step 2 패턴 훈련

그것을 사**겠습니다**.	**I'll** get it. 아윌 겟 잇
거기에 있**겠습니다**. / 참석하**겠습니다**.	**I'll** be there. 아윌 비 데얼
제가 대접하**겠습니다**. (= 내가 쏠게요.)	**I'll** treat you. 아윌 트릿 유
조금만 더 먹**겠습니다**.	**I'll** take a little more. 아윌 테이크 어 리틀 모어
길을 안내하**겠습니다**.	**I'll** show you the way. 아윌 쇼우 유 더 웨이

곧 돌아올게

Ann	:	Where are you going? 훼얼 아 유 고잉
Suho	:	I'm going to go get some coffee. 아임 고잉 투 고우 겟 썸 커피
Ann	:	You should finish your homework first. 유 슛 피니쉬 유어 홈월크 퍼스트
Suho	:	**곧 돌아올게.** 아윌 비 백 쑨

앤	:	어디 가?
수호	:	커피 마시러 갈 거야.
앤	:	숙제 먼저 끝내야지.
수호	:	**I'll be back soon.**

● 날씨에 관한 형용사

clear 날씨가 개인	sunny 화창한	hazy 흐린
foggy 안개 낀	humid 습한	sizzling hot 매우 더운
windy 바람 부는	drizzling 이슬비 내리는	hailing 우박이 내리는
sleeting 진눈깨비 내리는	snowing 눈이 오는	

Pattern 065

I'm going to ~.

저는 ~할 겁니다.

I'm going to ~는 앞으로 어떤 동작을 취하겠다고 선언하는 의미이다. will처럼 미래를 나타내지만 will과는 달리 계획된 일을 말할 때 주로 쓴다. 회화에서는 보통 I'm going to ~를 간단하게 줄여서 I'm gonna ~라고 한다. 하지만 품격 있는 대화나 전문적인 대화에는 어울리지 않으니 사용하지 않도록 주의하자.

Step 1 기본 문장

I'm going to	**Paris.**
아임 고잉 투	패리스
저는 ~에 갈 겁니다.	파리에

Step 2 패턴 훈련

점심 먹으러 **갈 겁니다**.
I'm going to lunch.
아임 고잉 투 런취

의사한테 **갈 겁니다**. /
진찰 받으러 **갈 겁니다**.
I'm going to go to the doctor.
아임 고잉 투 고우 투 더 닥터

제가 대접**할 겁니다**.
(= 내가 쏠 겁니다.)
I'm going to treat you.
아임 고잉 투 트릿 유

그녀를 만**날 겁니다**.
I'm going to meet her.
아임 고잉 투 밋 허

산책하러 나**갈 겁니다**.
I'm going to go out for a walk.
아임 고잉 투 고우 아웃 풔러 웤

 **Step 3** 회화 연습

영화 보러 갈 거예요

Ann : **What are you going to do this evening?**
왓 아 유 고잉 투 두 디스 이브닝

Suho : 영화보러 갈 거예요.
아임 고잉 투 고우 투 더 무비스

Ann : **Do you go to the movies often?**
두 유 고우 투 더 무비스 오픈

Suho : **I go to the movies every Saturday.**
아이 고우 투 더 무비스 에브리 쎄러데이

앤 : 오늘 저녁에 뭐 하세요?
수호 : I'm going to go to the movies.
앤 : 영화 보러 자주 가세요?
수호 : 토요일마다 보러 가요.

● 날씨에 관한 일반적인 표현
What's the weather like? (날씨가 어떨 것 같아요?)
How's the weather? (날씨가 어때요?)
It's below freezing outside. (바깥은 영하예요.)
There's a draft. (바람이 들어와요.)   *draft : (문틈 같은) 좁은 틈으로 들어오는 바람

Review

다음 패턴을 이용해 문장을 만들어 보세요.

Show me ~. ~을 보여 주세요.	**Let's ~.** ~합시다.
Let me ~. 제가 ~하겠습니다.	**I'll ~.** 제가 ~하겠습니다.
I'm going to ~. 저는 ~할 겁니다.	

☐ 길을 안내하**겠습니다**.

☐ 저 위스키**를 보여 주세요**.

☐ 저 넥타이**를 보여 주세요**.

☐ 점심 먹으러 **갈 겁니다**.

☐ 방법**을 가르쳐 주세요**.

☐ 제 사이즈**를 말해 주세요**.

☐ 쇼를 보러 **갑시다**.

☐ 함께 저녁식사 하러 **갑시다**.

☐ 센트럴 파크에 **갑시다**.

☐ 제가 대접할 **겁니다**.

☐ 곧 출발**합시다**.

Pattern 061~065 복습

- ☐ 드라이브 하러 **갑시다**.

- ☐ **내가** 그 일을 **할게요**.

- ☐ 산책하러 나**갈 겁니다**.

- ☐ **내가** 한 번 **볼게요**.

- ☐ 집에 바래다줄**게요**.

- ☐ 거기에 있**을게**. (노래 제목)

- ☐ 그것을 사**겠습니다**.

- ☐ 거기에 있**겠습니다**.

- ☐ 제가 대접하**겠습니다**.

- ☐ 조금만 더 먹**겠습니다**.

- ☐ 다른 것**을 보여주세요**.

- ☐ 갈게요.

- ☐ 진찰 받으러 **갈 겁니다**.

- ☐ 그녀를 만날 **겁니다**.

Pattern 066

It's too ~.

너무 ~합니다.

too는 '또한, 역시'라는 의미 말고도 '너무, 지나치게'라는 의미가 있다. 여기에서의 too는 '지나치게'라는 의미이다. 다음 두 문장을 비교해 보자.
〈비교〉 **This hat is too small for me.**(이 모자는 내게 너무 작다.)
This hat is small, too.(이 모자도 작다.)

 Step 1 기본 문장

It's too 잇츠 투 → **expensive for me.** 익스펜시브 풔 미

너무 ~합니다.   내게 비싼

 **Step 2 패턴 훈련**

너무 작습니다.   **It's too** small for me.
  잇츠 투 스몰 풔 미

너무 춥습니다.   **It's too** cold for me.
  잇츠 투 코울드 풔 미

너무 어둡습니다.   **It's too** dark for me.
  잇츠 투 닭 풔 미

너무 시끄럽습니다.   **It's too** noisy for me.
  잇츠 투 노이지 풔 미

너무 멉니다.   **It's too** far for me.
  잇츠 투 화 풔 미

 **Step 3 회화 연습**

옷이 너무 크다

Sunsil : **I like this blue dress. May I try it on?**
아이 라잌 디스 블루 드레스. 메이 아이 트라이 잇 온

Clerk : **Of course, ma'am.**
오브 코-르스, 맴

Sunsil : **제게는 너무 큽니다. Will you show me a smaller one in this style?**
잇츠 투 빅 풔 미. 윌 유 쇼우 미 어 스몰러 원 인 디스 스타일

선실 : 이 푸른색 드레스가 마음에 듭니다. 입어봐도 됩니까?
점원 : 물론이죠.
선실 : **It's too big for me.** 이 스타일로 좀 더 작은 것을 보여 주시겠습니까?

- **미국에서 거스름돈 세는 법**

  3달러 85센트짜리 물건을 사고 10달러를 내면, **Cashier**는 거스름돈을 세면서 다음과 같이 말한다.
  Eighty-five, ninety, four, five, ten. (85, 90, 4, 5, 10)
  85는 85센트이며 확인의 뜻. 거기에 5센트화(nickel)를 더해서 90센트 거기에 10센트화(dime)를 더해서 4달러, 거기에 1달러 지폐를 더해서 5달러, 거기에 5달러 지폐를 더해서 10달러라고 세며 거스름돈을 건네준다.

Pattern 067

It's good to ~.

~하니 좋습니다. / ~하는 것은 좋습니다.

학습일

누가 무엇을 해줘서 기쁘다거나 무엇을 하는 것이 좋다거나 무엇을 하게 되어 기분이 좋다거나 일이 잘 되어서 다행이라거나 하는 좋은 기분을 나타낼 때 쓰는 무척 긍정적인 표현이다. 반대로 무엇이 잘 안 됐거나 기분이 좋지 않을 때에는 **not**을 넣어 **It's not good to ~.** 패턴으로 말하면 된다.

 Step 1 기본 문장

It's good to 잇츠 굿 투 | **talk.** 톡

~하니 좋습니다. | 말을 하니까

 Step 2 패턴 훈련

당신을 보니 (기분이) 좋습니다.
It's good to see you.
잇츠 굿 투 씨 유

목소리를 다시 듣게 되어 반갑습니다.
It's good to hear your voice again.
잇츠 굿 투 히얼 유어 보이스 어겐

돌아오니 정말 좋다.
It's good to be back.
잇츠 굿 투 비 백

그것을 알게 되어 기쁩니다.
It's good to know that.
잇츠 굿 투 노우 댓

사랑에 빠지다니 잘 됐어요.
It's good to be in love.
잇츠 굿 투 비 인 럽

 **Step 3** 회화 연습

집이 최고야

Mom : **Hi, Suho, You're home.** 네가 돌아와서 기뻐.
하이, 수호, 유어 호움. 잇츠 굿 투 해브 유 백

Suho : **Hi, Mom, How have you been? It's marvelous to see you!**
하이, 맘, 하우 해뷰 빈? 잇츠 마-벌러스 투 씨 유!

It's been ages. It's good to be back.
잇츠 빈 에이쥐스. 잇츠 굿 투 비 백

There's really no place like home.
데얼즈 리얼리 노 플레이스 라이크 홈

Mom : **Let's eat first.**
렛츠 잇 �풔스트

Suho : **I'm glad to hear that. I'm starved.**
아임 글랫 투 히어 댓. 아임 스타-브드

엄마 : 어서 와, 수호야. **It's good to have you back.**
수호 : 안녕하세요, 엄마. 그동안 어떻게 지내셨어요? 정말 너무너무 반가워요.
정말 오랜만이에요. 돌아오니 좋네요.
정말 집만큼 좋은 곳은 없어요.
엄마 : 우선 밥부터 먹자.
수호 : 듣던 중 반가운 소리네요. 너무 배고파요.

Tips

● 오랜만에 만나는 사람과의 인사

How are you? (안녕하세요?)
How have you been? (어떻게 지내세요?)
Long time no see. (오랜만입니다.)
How are you getting along? (어떻게 지내세요?)
How is the world treating you? (어떻게 지내세요?)
Have are you keeping? (어떻게 지내세요?)

Pattern 068

It's better to ~.

~하는 편이 좋습니다. / ~하는 게 더 낫습니다.

better(더 좋은)는 good(좋은)의 비교급이다. 선택할 수 있는 옵션이 여러 가지가 있는 상황에서 어느 것 하나를 골라 그렇게 하는 것이 더 좋다는 것을 나타낼 때 쓰는 표현이다. 대부분은 다른 사람이 의견을 물었을 때 자기 의견을 말하거나 충고할 때 쓴다. 하지만 묻지도 않은 일에 대해 충고하고 나서는 사람은 여기서나 저기서나 비호감이니 주의하자.

Step 1 기본 문장

It's better to	**wait.**
잇츠 베터 투	웨잇
~하는 게 더 낫습니다.	기다리는

Step 2 패턴 훈련

조심하는 게 좋아요.
It's better to be careful.
잇츠 베터 투 비 케어펄

버스를 타는 게 더 좋아요.
It's better to take the bus.
잇츠 베터 투 테일 더 버스

대형 스크린으로 보는 게 더 좋아요.
It's better to watch it on the big screen.
잇츠 베터 투 와취 잇 온 더 빅 스크린

새 제품을 사는 게 더 낫습니다.
It's better to buy new products.
잇츠 베터 투 바이 뉴 프라-덕츠

실력보다 운이 더 낫다. (속담)
It's better to be lucky than good.
잇츠 베터 투 비 러키 댄 굿

 **Step 3** 회화 연습

어느 게 더 좋아?

Suho : **Which one's your favourite?**
휘취 원스 유어 페이버릿

Alice : **I really like this one.**
아이 리얼리 라잌 디스 원

Suho : **I think that's too expensive.**
아이 씽크 댓츠 투 익스펜시브

Alice : **싸구려 여러 개를 사는 데 돈을 쓰기보다는 제대로 된 걸로 하나 사는 게 나아.**
잇츠 베터 투 바이 원 굿 씽 댄 스펜딩 머니 온 매니 칩 씽즈

수호 : 넌 어느 게 좋아?
앨리스 : 난 이게 정말 좋아.
수호 : 그건 너무 비싼 것 같아.
앨리스 : **It's better to buy one good thing than spending money on many cheap things.**

- 잘 지내는 정도

  (Just) Fine. (잘 지내요.)
  (Just) So-so. (그저 그래요.)
  Hanging in there. (근근이 버티고 있어요.)
  Everyday is one of those days. (그날이 그날이죠 뭐.)
  No more than I have to. (그럭저럭 지내요.)
  One day at a time. (그날그날 살아요.)
  Not so hot. (재미없어요.)

Pattern 069

It's time to ~.
~할 시간입니다.

It is time to ~는 '~할 시간입니다' 라는 뜻으로 예정되었던 어떤 일을 할 시간이 되었다는 것을 나타낸다. 시기를 확정하고 분명하게 단정하는 약간 비장한 뉘앙스가 있어서 상대에게 지금 바로 그 어떤 일을 시작해야 한다는 것을 중요하게 상기시키고 싶을 때 사용한다. 물론 그냥 장난삼아 가볍게 말할 수도 있다.

Step 1 기본 문장

It's time to 잇츠 타임 투 | **get up.** 겟 업
~할 시간입니다. | 일어날

Step 2 패턴 훈련

자러 갈 **시간입니다.**
It's time to go to bed.
잇츠 타임 투 고우 투 뱃

집에 갈 **시간입니다.**
It's time to go home.
잇츠 타임 투 고우 호움

공부할 **시간입니다.**
It's time to study.
잇츠 타임 투 스터디

아침 먹을 **시간입니다.**
It's time to have breakfast.
잇츠 타임 투 해브 블랙퍼스트

본격적으로 일할 **시간입니다.**
It's time to buckle down.
잇츠 타임 투 버클 다운

Step 3 회화 연습

집에 갈 시간이다

Suho : 작별인사를 할 시간이야.
잇츠 타임 투 세이 굿바이

Ann : What's the hurry?
홧츠 더 허리

Suho : I just feel weary. I'd better go home and rest.
아이 져숫 필 웨어리. 아이드 베터 고우 홈 앤 레스트

Ann : Oh, that's a pity. Take good care of yourself, please.
오우, 댓츠 어 피티. 테익 굿 케어 오브 유어셀프, 플리이스

수호 : It's time to say good-bye.
앤 : 왜 그렇게 서둘러?
수호 : 그냥 몸이 좀 피곤해. 집에 가서 쉬어야겠어.
앤 : 저런, 가엾어라. 몸조리 잘 해.

● **It's time to와 It's time for**

둘 다 '~할 시간이다' 라는 의미로 뜻이 같다.
It's time to에는 의미상의 주어가 필요 없고, It's time for에는 의미상의 주어가 필요하다.

It is time to have breakfast. (아침 먹을 시간이다.)
이것은 일반적으로 모든 사람이 아침을 먹을 시간이라는 뜻이다.

It is time for me to have breakfast. (아침을 먹을 시간이다.)
이것은 다른 누구도 아닌 바로 내가 아침을 먹을 시간이라는 뜻이다.

Pattern 070

Will you ~?
~하시겠습니까?

Will you ~?는 상대방의 의향을 묻는 표현이다. **try it on**은 '그것을 입어보다' 라는 뜻이고, '탈의실'은 **fitting room**이라 한다. **Will you pay cash?**(현금으로 지불하시겠습니까?)에 대한 대답으로 현금으로 지불할 때는 **Yes.**, 여행자수표로 지불할 때는 **With traveler's check.**라고 대답한다. 한국에서는 현금이 환영받지만, 미국에서는 현금보다 신용카드가 주로 이용된다.

Step 1 기본 문장

Will you 윌 유 | **try it on?** 트라이 잇 온

~하시겠습니까? | 이것을 입어

Step 2 패턴 훈련

현금으로 지불**하시겠습니까?**
Will you pay cash?
윌 유 페이 캐쉬

저를 만나러 와 **주시겠습니까?**
Will you come to see me?
윌 유 캄 투 씨 미

우리와 함께 가**주시겠습니까?**
Will you go with us?
윌 유 고우 위드 어스

좀 천천히 말해 **주시겠습니까?**
Will you speak more slowly?
윌 유 스피크 모어 슬로우리

저를 극장에 데리고 가 **주시겠습니까?**
Will you take me to the theater?
윌 유 테이크 미 투 더 씨어터

Step 3 회화 연습

스카프를 고르다

Sunsil : **스카프를 좀 보여 주시겠습니까?**
윌 유 쇼우 미 썸 스카브즈

Clerk : **Certainly. What color would you like?**
써튼리. 왓 컬러 우쥬 라잌

Sunsil : **I'd like a green one. ⋯ How much is this scarf?**
아이드 라이크 어 그린 원. 하우 머취 이즈 디스 스카프

Clerk : **It's 6.95(six dollars and ninety-five cents).**
잇츠 식스 달러즈 앤 나인티 파이브 센츠

Sunsil : **I'll take it.**
아윌 테이크 잇

선실 : **Will you show me some scarves?**
점원 : 물론이죠. 무슨 색이 좋으세요?
선실 : 녹색을 좋아합니다. 이 스카프는 얼마입니까?
점원 : 6달러 95센트입니다.
선실 : 그걸 사겠습니다.

● 색의 이미지

색에 대한 이미지는 문화권에 따라 다르다고 할 수 있다.

- blue   우울, 비관적, 맑게 갠, 솔직, 무구, 용기, 공평함, 마음을 진정시키는
            (진정제도 푸른색으로 착색)
- brown   땅, 검소함, 가을, 쓸쓸함, 금욕 (수도자의 옷 색깔)
- gray   원숙, 애매함, 음울, 적적함
- green   미숙, 무지, 질투, 생명, 자연, 식물, 부활, 영원, 불멸, 봄
            (이것과 관련해서 기대나 희망도 의미한다.)
- pink   여성다움, 환희, 청춘, 육체 (in the pink로 건강, 원기)
- purple   화려, 정의, 위엄 (성직자의 옷 색깔)
- red   불, 빛, 피, 용기, 복수, 노여움
- white   결백, 순진
- yellow   태양, 선정적, 내성적, 질투, 황달, 비열
            (You are yellow.라고 하면 상대방을 모욕하는 말이 된다.)

Review

다음 패턴을 이용해 문장을 만들어 보세요.

It's too ~.	너무 ~합니다.	It's good to ~.	~하니 좋습니다.
It's better to ~.	~하는 편이 좋습니다.	It's time to ~.	~할 시간입니다.
Will you ~?	~하시겠습니까?		

☐ 저를 만나러 와 **주시겠습니까?**

☐ 그것을 알게 **되어 기쁩니다.**

☐ 너무 춥습니다.

☐ 너무 어둡습니다.

☐ 저를 극장에 데리고 가 **주시겠습니까?**

☐ 목소리를 다시 듣게 **되어 반갑습니다.**

☐ 너무 멉니다.

☐ 당신을 보니 (기분이) **좋습니다.**

☐ 아침 먹을 **시간입니다.**

☐ 돌아오니 **정말 좋다.**

☐ 집에 갈 **시간입니다.**

Pattern 066~070 복습

□ 사랑에 빠지다**니 잘 됐어요**.

□ 조심하**는 게 좋아요**.

□ 버스를 타**는 게 더 좋아요**.

□ 대형 스크린으로 보**는 게 더 좋아요**.

□ 우리와 함께 가**주시겠습니까**?

□ 실력보다 운이 따라**야 한다**. (속담)

□ 자러 갈 **시간입니다**.

□ 공부할 **시간입니다**.

□ 너무 시끄럽**습니다**.

□ 본격적으로 일할 **시간입니다**.

□ 새 제품을 사**는 게 더 낫습니다**.

□ 현금으로 지불**하시겠습니까**?

□ 너무 작**습니다**.

□ 좀 천천히 말**해 주시겠습니까**?

179

Pattern 071

학습일

Won't you ~?

~하지 않겠습니까?

Won't you ~는 상대에게 무엇인가를 권유할 때 쓰는 패턴이다. 음식을 권할 때도 쓸 수 있다. **Won't you have some chicken?**(닭고기를 드시지 않겠습니까?) 이렇게 권유받았을 때, 먹고 싶으면 **Yes, thank you. I'll have some.**(네, 고마워요. 좀 먹겠습니다.) 라고 하고, 배가 부르거나 먹고 싶지 않으면 다음과 같이 말하면 된다. **No, thank you. I've had enough.**(아뇨, 됐습니다. 충분히 먹었습니다.)

 Step 1 기본 문장

Won't you 원츄	**join us?** 조인 어스
~하지 않겠습니까?	우리와 함께 하지

 Step 2 패턴 훈련

닭고기를 좀 드시지 않겠습니까?
Won't you have some chicken?
원츄 해브 썸 치킨

진토닉을 마시지 않겠습니까?
Won't you have a gin and tonic?
원츄 해브 어 진 앤 토닉

크림과 설탕을 넣어주지 않겠습니까?
Won't you use cream and sugar?
원츄 유즈 크림 앤 슈가

좀 더 오래 계시지 않겠습니까?
Won't you stay a little longer?
원츄 스테이 어 리틀 롱거

저와 함께 가지 않겠습니까?
Won't you come with me?
원츄 캄 위드 미

 **Step 3 회화 연습**

선약이 있다

Dick : **오늘 밤에 함께 브리지를 하지 않겠습니까?**
원츄 플레이 브릿쥐 위드 어스 디스 이브닝

Chul-su : **I'm sorry, but I have a previous engagement.**
아임 소리, 벗 아이 해브 어 프리뷰스 인게이쥐먼트

Dick : **How about this coming Friday?**
하우 어바웃 디스 카밍 프라이데이

Chul-su : **Friday will be fine. What time shall I come?**
프라이데이 윌 비 파인. 왓 타임 쉘 아이 캄

Dick : **Is seven o'clock all right?**
이즈 세븐 어클락 올라잇

Chul-su : **Seven will be fine.**
세븐 윌 비 파인

딕 : **Won't you play bridge with us this evening?**
철수 : 미안하지만 선약이 있습니다.
딕 : 오는 금요일은 어때요?
철수 : 금요일은 괜찮아요. 몇 시경에 갈까요?
딕 : 7시 좋습니까?
철수 : 7시는 좋습니다.

 Tips

● **시간이 있는지 물을 때**

바쁜지 어떤지를 묻는 것이 **Are you busy?**이다. 회화에서는 **Are you busy right now?**라고 **right now**를 붙여서 말한다. 여기서 **right**은 특별한 의미는 없고 강조하는 말이다. **right**은 약하고 **now**에 강세가 있다.

이와 같은 **right**의 사용법에는 **right here** (여기에서, 이곳에) 또는 **right there** (저기에서, 저기에) 등이 있으며, **just**도 강조의 의미로 자주 쓰인다.

'지금 시간이 있습니까?' 라는 표현에 **Do you have a minute?**이 있다.

A : **Excuse me. Do you have a minute?** (실례지만, 시간 있습니까?)
B : **Sorry, I'm in a hurry.** (죄송하지만 바빠요.)

Do you have time?도 이것과 같은 의미로 사용할 수 있는 표현이다.

Pattern 072

Do you like ~?

~을 좋아합니까?

버스나 열차를 타고 이동하는 동안 창밖을 내다보며 경치를 구경하는 것도 좋지만 옆에 앉은 사람과 이야기를 나누며 새로운 사람을 사귀는 것도 꽤 즐거운 추억이 될 것이다. **Do you like Korean food?**(한국 요리 좋아합니까?) 등으로 말을 걸었을 때, **Yes, I like Kimchi[Bulgogi, Naengmyun].**(네, 김치[불고기, 냉면]를 좋아합니다.) 라는 반응이 오면 얼마나 기쁠까?

 Step 1 기본 문장

Do you like	**Korean food?**
두 유 라익	코리언 푸드
~을 좋아합니까?	한국요리를

 **Step 2 패턴 훈련**

당신은 미국 담배를 좋아합니까?
Do you like American cigarettes?
두 유 라익 어메리컨 시거릿츠

당신은 설탕 없는 커피를 좋아합니까?
Do you like coffee without sugar?
두 유 라익 커피 위다웃 슈가

당신은 거리에 면한 방을 좋아합니까?
Do you like a room facing the street?
두 유 라익 어 룸 페이싱 더 스트릿

당신은 클래식 음악을 좋아합니까?
Do you like classical music?
두 유 라익 클래시컬 뮤직

당신은 양고기를 좋아합니까?
Do you like mutton?
두 유 라익 멑은

 **Step 3 회화 연습**

한국 식당에서

Sunsil : **냔시, 갈비 좋아해요?**
두 유 라잌 갈비, 낸시

Nancy : **I've heard of Galbi, but I've never eaten it.**
아이브 허드 오브 갈비, 벗 아이브 네버 잇튼 잇

Sunsil : **Galbi is marinated short ribs broiled right on your table.**
갈비 이즈 매리네이티드 숏 립스 브로일드 라잇 온 유어 테이블

Nancy : **Oh, I see. Let's order it. I'll try anything once.**
오우, 아이 씨. 렛츠 오－더 잇. 아윌 트라이 애니씽 원스

선실 : **Do you like Galbi, Nancy?**
낸시 : 갈비는 들어 보았는데 먹어 본 적은 없어요.
선실 : 갈비는 양념에 재운 갈빗대를 테이블에서 바로 구워 먹는 겁니다.
낸시 : 아, 알겠어요. 그것을 주문하지요. 한 번 먹어보겠어요.

- **coffee without sugar**(설탕을 넣지 않은 커피)
  미국인은 대부분 커피에 설탕을 넣지 않고 마신다.
  그런 커피를 coffee without sugar 또는 black coffee라고 한다. '설탕을 넣은 커피'는 coffee with sugar라고 한다. whiskey with soda (소다를 섞은 위스키) 등도 알아두자.

Pattern 073

Don't you like ~?

~를 좋아하지 않습니까?

부정의문문에 대한 대답을 할 때 Yes와 No를 혼동하는 사람이 의외로 많다. **Don't you like fish?**(당신은 생선을 좋아하지 않습니까?)라는 질문에 우리말이 '아뇨, (좋아합니다)' 라고 해서 **No**.라고 대답하면 '생선을 싫어합니다.' 가 된다. 좋아한다면 **Yes**.라고 대답해야 한다. 즉, 질문의 형태에 상관없이 자신의 대답이 긍정인 경우는 무조건 **Yes**, 부정인 경우는 무조건 **No**이다.

Step 1 기본 문장

Don't you like | **Kimchi?**
돈츄 라익 | 김치

~를 좋아하지 않습니까? | 김치를

Step 2 패턴 훈련

당신은 당근을 좋아하지 않습니까?
Don't you like carrots?
돈츄 라익 캐럿츠

당신은 단 것을 좋아하지 않습니까?
Don't you like sweet things?
돈츄 라익 스윗 씽스

당신은 양상추 샐러드를 좋아하지 않습니까?
Don't you like lettuce salad?
돈츄 라익 레티스 샐러드

당신은 포크 송을 좋아하지 않습니까?
Don't you like folk songs?
돈츄 라익 폴크 쏭스

당신은 이 펜던트를 좋아하지 않습니까?
Don't you like this pendant?
돈츄 라익 디스 펜던트

 **Step 3** 회화 연습

영화를 좋아하는지 묻다

Chul-su : **Do you often go to the movies, Ted?**
두 유 오픈 고우 투 더 무비스, 텟

Ted : **No, I almost never go to the movies.**
노우, 아이 올모스트 네버 고우 투 더 무비스

Chul-su : **영화를 좋아하지 않아요?**
돈츄 라잌 무비스

Ted : **Oh, I love movies.**
오우, 아이 러브 무비스

Chul-su : **Why don't you go to see them?**
와이 돈츄 고우 투 씨 뎀

Ted : **Oh, I see hundreds of movies every year. I watch them on television.**
오우, 아이 씨 헌드레즈 오브 무비스 에브리 이어 아이 와치 뎀 온 텔리비젼

철수 : 종종 영화보러 가나요, 테드?
테드 : 아뇨. 영화를 보러 가는 일은 거의 없어요.
철수 : **Don't you like movies?**
테드 : 영화는 좋아해요.
철수 : 어째서 보러 가지 않죠?
테드 : 저는 매년 수백 편의 영화를 보고 있어요. TV로 보고 있어요.

Tips

● **4 letter words**

영화에서 damn(goddam, goddamn), hell, shit, fuck 등의 말을 흔히 들을 수 있다. 대개 4글자여서 **4 letter words**라고 부른다. 이것은 회화의 리듬이나 강조를 목적으로 쓰이는 것으로 글자 그대로의 의미를 나타내는 것은 아니다. 그러나 이런 단어에 익숙하지 않고 사용 습관이 되지 않은 외국인은 잘못 쓰기 쉽기 때문에, 상황에 따라서는 당돌하다는 느낌을 주기도 하므로 쓰지 않는 것이 좋을 것 같다.

Pattern 074

Do you think ~?

~라고 생각합니까?

상대방에게 의견을 구할 때는 **Do you think ~?**라는 표현을 쓴다. 미국인은 **collection**(수집)광들이 많아서 쓸데없다고 생각되는 물건도 즐겨 모은다. **Do you think this is interesting?**(이것이 재미있다고 생각합니까?)라고 물었을 때 **Yes, that's wonderful.**(네, 재미있어요.)라고 대답한다면, 그 다음에는 **How long have you been collecting those things?**(이런 것들을 얼마 동안 모으고 계십니까?)라고 물으며 대화를 계속할 수 있다.

 Step 1 기본 문장

Do you think 두 유 씽크
~라고 생각합니까?

this blouse suits me? 디스 블라우스 수츠 미
이 블라우스가 저에게 어울린다

 Step 2 패턴 훈련

그것이 적절한 가격이라고 생각합니까?
Do you think that's a reasonable price?
두 유 씽크 댓츠 어 리즈너블 프라이스

그것이 좋은 색이라고 생각합니까?
Do you think that's a nice color?
두 유 씽크 댓츠 어 나이스 컬러

그것이 잘 어울린다고 생각합니까?
Do you think that's a good fit?
두 유 씽크 댓츠 어 굿 핏

이 헤어 스타일이 저에게 어울린다고 생각합니까?
Do you think this hair-style suits me?
두 유 씽크 디스 헤어스타일 수츠 미

제가 그를 만날 수 있다고 생각합니까?
Do you think I can see him?
두 유 씽크 아이 캔 씨 힘

좋은 날씨가 계속될까요?

Chul-su : **Hello. Ben! What fine weather we're having!**
헐로우. 벤! 왓 파인 웨더 위어 해빙

Ben : **Yes, indeed. Where are you going?**
예스, 인디드 훼얼 아 유 고잉

Chul-su : **I'm going fishing in the Charles River.**
아임 고잉 피싱 인 더 촬스 리버

이런 좋은 날씨가 오래 계속될 것 같습니까?
두 유 씽크 디스 파인 웨더 윌 래스트 롱

Ben : **Well, I hope it will, but I'm afraid we're going to have a change pretty soon.**
웰, 아이 홉 잇 윌, 벗 아임 어프레이드 위어 고잉 투 해브 어 체인쥐 프리티 쑨

You'd better take a raincoat with you.
유드 베터 테이크 어 레인코우트 위드 유

철수 : 안녕하세요. 벤. 오늘은 좋은 날씨군요!
벤 : 정말 그래요. 어디 가세요?
철수 : 찰스 강으로 낚시하러 갑니다.
Do you think this fine weather will last long?
벤 : 글쎄요. 계속되었으면 좋겠는데, 곧 날씨가 변할 것 같아요.
우비를 가지고 가는 게 좋겠어요.

Tips

● 상대를 격려하는 표현

Cheer up! (기운 내!)　　　　　　Come on! (힘내! 어서!)
Never give up. (포기하지 마.)　　　Go (and) get it. (힘내!)
Go in and win! (힘내서 이겨라!)　　Give it your best! / Do your best! (최선을 다해!)
Stick to (win) it! (기운 내!)　　　　Hang in there! (기운 내!)
That's the spirit! (그래 그거야!)
Knock them dead! (죽여 버려!) 뭔가를 하려고 하는 사람에게
Go for it! (부셔!) 이미 뭔가를 하고 있는 사람에게

Pattern 075

Do I have to ~?

~해야 합니까?

have to ~는 must ~와 같이 '~해야 한다'라는 의미이다. I have to get to the office by three.(3시까지 사무실에 가야 합니다.) / He has to eat more.(그는 더 먹어야 합니다.)
Do I have to come here again?(여기에 다시 와야 합니까?)에 대한 대답은 다음과 같다.
Yes. Please come at three next Monday.(네. 다음 월요일 3시에 와 주세요.)
No. You don't have to.(아니요. 올 필요 없습니다.)

Step 1 기본 문장

Do I have to 두 아이 해브 투 ~해야 합니까?

declare everything? 디클레어 에브리씽 모든 걸 신고해야

Step 2 패턴 훈련

이 핸드백을 신고해야 합니까?
Do I have to declare this handbag?
두 아이 해브 투 디클레어 디스 핸드백

이 담배를 신고해야 합니까?
Do I have to declare these cigarettes?
두 아이 해브 투 디클레어 디즈 시거릿츠

여기에 다시 와야 합니까?
Do I have to come here again?
두 아이 해브 투 캄 히얼 어겐

제 주소를 보고해야 합니까?
Do I have to report my address?
두 아이 해브 투 리포트 마이 어드레스

이 약을 매일 먹어야 합니까?
Do I have to take this medicine every day?
두 아이 해브 투 테이크 디스 메디슨 에브리데이

 **Step 3 회화 연습**

버스를 타야 합니까?

Sunsil : 국립박물관에 가려면 버스를 타야 하나요?
두 아이 해브 투 테이크 어 버스 투 겟 투 더 내셔널 뮤지엄

Susan : No, not necessarily.
노우, 낫 네시서리리

You can walk there. But if you are in a hurry,
유 캔 워크 데얼. 벗 이퓨 아 인 어 허리

you'd better take a bus that comes along this street.
유드 베터 테이크 어 버스 댓 캄스 어롱 디스 스트릿

Sunsil : Do I just take any bus that comes along?
두 아이 져슷 테이크 애니 버스 댓 캄스 어롱

Susan : Oh, no. there are many different buses running here.
오우, 노우. 데어라 매니 디퍼런트 버시즈 러닝 히얼

You take the one for Jefferson Street.
유 테이크 더 원 풔 제퍼슨 스트릿

선실 : Do I have to take a bus to get to the National Museum?
수잔 : 아뇨. 반드시 그럴 필요는 없어요. 걸어가도 돼요. 그러나 급하다면
이 거리를 다니는 버스를 타는 게 좋아요.
선실 : 여기를 다니는 버스면 아무거나 타도 돼요?
수잔 : 아뇨. 안돼요. 여기에는 여러 가지 다른 노선의 버스가 운행하고 있어요.
제퍼슨 스트릿행 버스를 타세요.

● **Yes와 '네'의 미묘한 차이**

영어의 Yes.는 '네'라는 의미로 쓰이지만 사실 우리말의 '네'와는 약간 차이가 있다. 실제로 Yes.에는 우리말의 '네' 보다는 훨씬 강한 긍정의 의미가 있는 것이다.
우리말의 '네'를 영어로 바꾸면 You are right.(맞습니다.)이나 I'll do as you say.(말한 대로 하겠습니다.)라는 의미가 된다. 반면에, 영어의 Yes.는 '나로서는 그렇습니다.'의 의미가 강하다. 그렇기 때문에 영어에서는 상대의 질문이 어떻든지 자신이 할 때는 Yes. 하지 않을 때는 No.로 대답하게 된다. 부가의문 등에서 Yes.인지 No.인지 도무지 모를 경우에는 Yes. 대신에 O.K.를 쓰면 무난하다.

Review

다음 패턴을 이용해 문장을 만들어 보세요.

Won't you ~? ~하지 않겠습니까?	**Do you like ~?** ~을 좋아합니까?
Don't you like ~? ~를 좋아하지 않습니까?	**Do you think ~?** ~라고 생각합니까?
Do I have to ~? ~해야 합니까?	

☐ 제가 그를 만날 수 있다고 **생각합니까**?

☐ 진토닉을 마시**지 않겠습니까**?

☐ 크림과 설탕을 넣어주**지 않겠습니까**?

☐ 그것이 적절한 가격**이라고 생각합니까**?

☐ 저와 함께 가**지 않겠습니까**?

☐ 당신은 미국 담배**를 좋아합니까**?

☐ 이 담배를 신고**해야 합니까**?

☐ 당신은 설탕 없는 커피**를 좋아합니까**?

☐ 이 핸드백을 신고**해야 합니까**?

☐ 당신은 클래식 음악**을 좋아합니까**?

☐ 좀 더 오래 계시**지 않겠습니까**?

Pattern 071~075 복습

☐ 당신은 당근을 좋아하지 않습니까?

☐ 당신은 단 것을 좋아하지 않습니까?

☐ 당신은 양상추 샐러드를 좋아하지 않습니까?

☐ 제 주소를 보고해야 합니까?

☐ 여기에 다시 와야 합니까?

☐ 당신은 포크 송을 좋아하지 않습니까?

☐ 당신은 이 펜던트를 좋아하지 않습니까?

☐ 당신은 거리에 면한 방을 좋아합니까?

☐ 그것이 좋은 색이라고 생각합니까?

☐ 그것이 잘 어울린다고 생각합니까?

☐ 닭고기를 좀 드시지 않겠습니까?

☐ 이 헤어 스타일이 저에게 어울린다고 생각합니까?

☐ 당신은 양고기를 좋아합니까?

☐ 이 약을 매일 먹어야 합니까?

Pattern 076

Who is ~?

~은 누구입니까?

이름이나 신분을 알고 싶을 때는 Who is ~?라는 표현을 쓴다. 그러나 상대방의 이름을 묻고 싶을 때에는 직접적으로 Your name, please.(당신의 이름을 말씀해 주세요.)라고 한다. who is는 줄여서 who's라고 쓰기도 한다. whose(누구의)와 발음이 같으므로 잘 구분해서 들어야 한다. Who are ~?는 '복수의 사람들'의 이름이나 신분을 물을 때 쓴다. Who's that man?에 대한 대답은 He's Mr. Brown.(그는 브라운 씨입니다.) / He's a clerk.(그는 사무원입니다.)

Step 1 기본 문장

Who is 후 이즈 | **that man?** 댓 맨
~은 누구입니까? | 저 남자

Step 2 패턴 훈련

저 부인은 **누구입니까?**
Who is that woman?
후 이즈 댓 우먼

이 소년은 **누구입니까?**
Who is this boy?
후 이즈 디스 보이

당신의 사장은 **누구입니까?**
Who is your boss?
후 이즈 유어 보스

릭터 씨의 비서는 **누구입니까?**
Who is Mr. Richter's secretary?
후 이즈 미스터 릭터스 세크러테리

저 사람들은 **누구입니까?**
Who are those people?
후 아 도즈 피플

 **Step 3** 회화 연습

소개해 주세요

Chul-su : 저기 있는 저 여자는 누구입니까?
후 이즈 댓 걸 오우버 데얼

John : The girl standing next to the big clock?
더 걸 스탠딩 넥스트 투 더 빅 클락

Chul-su : Yes.
예스

John : She is Nancy, one of Tom's sisters.
쉬 이즈 낸시, 원 오브 탐스 시스터즈

Chul-su : Would you introduce me to her?
우쥬 인트러듀스 미 투 허

John : Yes, of course.
예스, 오브 코-ㄹ스

철수 : Who is that girl over there?
존 : 큰 시계 옆에 서 있는 여자 말입니까?
철수 : 네.
존 : 저 여자는 톰의 여동생인 낸시예요.
철수 : 나를 저 여자에게 소개해 주시겠어요?
존 : 네, 좋아요.

- **and를 바르게 쓰는 법**

  I and you가 아니라 you and I
  and로 항목을 나열하는 데에도 순서가 있다. you와 I는 you를 먼저 말한다. 이것은 타인에 대한 경의를 나타내는 것으로 사과할 때는 I and my wife do apologize ~.라고 먼저 I를 앞으로 꺼낸다. 또한 낮과 밤일 경우에는 day and night가 된다. 결코 night and day라고는 하지 않는다.

  셋 이상의 항목을 나열하는 경우
  맨 마지막 항목 앞에 and가 온다. 예를 들면 the sun, the moon, and the stars라고 하는 경우 보통 and 앞에 콤마를 붙이지만 미국에서는 이 콤마를 생략하는 일이 많다.

  and 뒤의 생략
  미국 구어에서 모두 아는 음식의 합성어에는 후자를 생략하는 경우가 있다.
  han and 햄앤 에그 (뒤에 eggs가 생략)   **coffee and** 커피와 도넛 (뒤에 doughnut이 생략)

Pattern 077

Who ~?

누구를[누구에게] ~합니까?

이때의 who는 '누구를, 누구에게'라는 의미이다. 문법적으로는 whom을 쓰는 것이 맞지만, 회화에서는 who를 쓰는 것이 보통이다.
Who are you calling?에 대한 대답은 다음과 같이 이름을 말한다.
I'm calling Mr. Johnson.(존슨 씨를 찾고 있습니다.)

 Step 1 기본 문장

Who	are you calling?
후	아 유 콜링
누구를	찾습니까? 〈전화에서〉

 **Step 2 패턴 훈련**

누구를 찾고 있습니까?
Who are you looking for?
후 아 유 루킹 풔

누구를 방문할 예정입니까?
Who are you going to visit?
후 아 유 고잉 투 비짓

누구를 만나고 싶습니까?
Who do you want to see?
후 두 유 원 투 씨

누구를 만났습니까?
Who did you see?
후 디쥬 씨

누구에게 편지를 썼습니까?
Who did you write to?
후 디쥬 롸잇 투

 **Step 3** 회화 연습

누구를 찾고 계십니까?

Chul-su : **Hello. Is Mr. Cooper there?**
헐로우. 이즈 미스터 쿠퍼 데어

Clerk : **누구를 찾고 계십니까?**
후 아 유 콜링

Chul-su : **I'm calling Mr. Cooper. James Cooper.**
아임 콜링 미스터 쿠퍼. 제임스 쿠퍼

Clerk : **I'm afraid you have the wrong number. There's no one here by that name.**
아임 어프레이드 유 해브 더 롱 넘벌. 데얼즈 노 원 히얼 바이 댓 네임

Chul-su : **Isn't this 511-2832?**
이즌 디스 화이브 원 원 투 에잇 쓰리 투

Clerk : **No, this is 511-2823.**
노우, 디스 이즈 화이브 원 원 투 에잇 투 쓰리

Chul-su : **Oh, I'm sorry.**
오우, 아임 소리

철수 : 여보세요. 쿠퍼 씨 계십니까?
직원 : **Who are you calling?**
철수 : 쿠퍼 씨입니다. 제임스 쿠퍼입니다.
직원 : 전화번호를 잘 못 건 것 같습니다. 그런 분은 안 계십니다.
철수 : 511-2832번 아닌가요?
직원 : 아니요. 여기는 511-2823번입니다.
철수 : 실례했습니다.

Tips

● 영어로 전화를 걸 때 알아둘 점
- 중요한 단어는 강하게 말한다. 이것은 보통의 회화에서도 해당되지만 전화에서는 특히 주의가 필요하다. 그 가운데서도 숫자와 이름은 꼭 확인하자.
- 13부터 19까지의 -teen이 붙는 숫자는 -ty와 혼동하기 쉽다. fourteen은 one-four, fifteen은 one-five, forty는 four-zero, fifty는 five-zero라고 상대에게 확인한다.
- 번호는 하나씩 확실하게 말한다.

Pattern 078

Whose ~ is that?

저것은 누구의 ~입니까?

monument(기념비)는 곳곳에서 볼 수 있다. 예비지식이 있다면 현지인과 대화를 나눌 때 여러 가지로 유리하다. 하지만 잘 모르더라도 관심을 나타내 보자. 상대가 이런 질문에 대해서 It's Robert's monument.(로버트의 기념비입니다.)라고 알려주면 Who's Robert?(로버트가 누구입니까?)라고 묻는 식으로 관심을 보이면 대화를 자연스럽게 이어갈 수 있다.

Step 1 기본 문장

Whose 후즈 — 누구의
monument 마-뉴먼트 — 기념비
is that? 이즈 댓 — 저것은 ~입니까?

Step 2 패턴 훈련

저것은 누구의 숄더백입니까?
Whose shoulder bag **is that**?
후즈 숄더백 이즈 댓

저것은 누구의 컴퓨터입니까?
Whose computer **is that**?
후즈 컴퓨러 이즈 댓

저것은 누구의 상의입니까?
Whose jacket **is that**?
후즈 재킷 이즈 댓

저것은 누구의 차입니까?
Whose car **is that**?
후즈 카 이즈 댓

저것은 누구의 집입니까?
Whose house **is that**?
후즈 하우스 이즈 댓

Step 3 회화 연습

자전거를 빌리다

Chul-su : 저건 누구의 자전거입니까?
후즈 바이시클 이즈 댓

Henry : Oh, it's mine.
오, 잇츠 마인

Chul-su : May I use it for a while? I'll return it soon.
메이 아이 유즈 잇 풔러 화일? 아윌 리턴 잇 순

Henry : All right. You can use it as long as you like.
올 라잇. 유 캔 유즈 잇 애즈 롱 애즈 유 라잌

철수 : Whose bicycle is that?
헨리 : 내 것입니다.
철수 : 잠깐 빌릴 수 있을까요? 곧 돌려 드릴게요.
헨리 : 좋아요. 좋으실대로 사용하세요.

Tips

● **whose**

whose는 '누구의 것' 이라는 의미이지만 다음과 같이 말할 수도 있다.
① **Whose** computer is this? (이것은 누구의 컴퓨터입니까?)
② **Whose** is this computer? (이 컴퓨터는 누구 것입니까?)
②의 경우 whose는 '누구의 것'이라는 의미이다.
이것에 대한 대답은 다음과 같다.
It's mine. (제 것입니다.) / It's Mr. Smith's. (스미스 선생님 것입니다.)

Pattern 079

What is ~?
~은 무엇입니까?

당신의 이름을 물을 때 **Your name, please.**(이름을 말씀해 주세요.)라고 묻는 경우도 있다. 이때는 서로 외국인 사이이기 때문에 말도 낯설고 발음도 익숙한 것이 아니라 알아듣기 쉽지 않다. 그러므로 천천히 말해 주는 것이 좋다. '김태희'라면 **Tai-Hee Kim**을 **Tai, Hee, Kim**처럼 끊어서 하나씩 또박또박 정확히 말한다.

Step 1 기본 문장

What is	**that building?**
왓 이즈	댓 빌딩
~은 무엇입니까?	저 건물은

Step 2 패턴 훈련

저 타워는 무엇입니까?
What is that tower?
왓 이즈 댓 타워

이 거리(이름)는 무엇입니까?
What is this street?
왓 이즈 디스 스트릿

당신의 직업은 무엇입니까?
What is your job?
왓 이즈 유어 잡

당신의 이름은 무엇입니까?
What is your name?
왓 이즈 유어 내임

당신의 (방 등의) 번호는 무엇입니까?
What is your number?
왓 이즈 유어 넘벌

 **Step 3 회화 연습**

서울에서 가장 높은 빌딩은?

Ann : 서울에서 가장 높은 빌딩은 무엇입니까?
왓 이즈 더 톨리스트 빌딩 인 서울

Suho : **The 63 Building.**
더 육삼 빌딩

Ann : **How high is it?**
하우 하이 이즈 잇

Suho : **The 63 Building is 249 meters high.**
더 육삼 빌딩 이즈 투헌드레드 풔티나인 미터즈 하이

앤 : **What is the tallest building in Seoul?**
수호 : 63빌딩 입니다.
앤 : 높이는 얼마입니까?
수호 : 63빌딩은 249미터 입니다.

- **street (거리)**
    지명으로는 **1st St.**(1번가) 등과 같이 표현한다. 또한 **Avenue**(가)도 같은 식으로 표현한다.
    Street와 **Avenue**가 가장 확실한 곳은 **New York**이다.
    이 이외에 거리의 이름에 **Drive**를 쓰는 곳도 있다.

Pattern 080

What will you ~?

무엇을 ~하겠습니까?

What will you have?라고 waiter가 물으면 다음과 같이 간단하게 대답할 수 있다. A steak, please.(스테이크를 주세요.) have에는 '먹다' 라는 의미 말고도 '마시다' 라는 의미도 있으므로 다음과 같이 대답해도 된다. Tea with lemon, please.(레몬티를 주세요.)

 Step 1 기본 문장

What will you	**have?**
왓 윌 유	해브
무엇을 ~하겠습니까?	먹다

 Step 2 패턴 훈련

무엇을 보겠습니까?
What will you see?
왓 윌 유 씨

무엇을 방문하겠습니까?
What will you visit?
왓 윌 유 비짓

무엇을 사겠습니까?
What will you buy?
왓 윌 유 바이

무엇을 읽겠습니까?
What will you read?
왓 윌 유 릿

무엇을 가지고 가겠습니까?
What will you take?
왓 윌 유 테이크

200

 Step 3 회화 연습

무엇을 드시겠습니까?

Waitress	:	무얼 드시겠습니까? 왓 윌 유 해브
Chul-su	:	I'll have fried chicken. What comes with it? 아윌 해브 프라이드 치킨. 왓 캄스 위드 잇
Waitress	:	A small salad. 에이 스몰 샐러드
Chul-su	:	All right. That's fine. And bring me some coffee, too. 올 라잇. 댓츠 파인. 앤 브링 미 썸 커피, 투
Waitress	:	Yes, sir. Now or after your meals? 옛서. 나우 오어 에프터 유어 미얼스
Chul-su	:	After, please. 에프터, 플리이스

웨이트리스	:	What will you have?
철수	:	프라이드 치킨을 먹겠습니다. 무엇이 함께 나옵니까?
웨이트리스	:	샐러드가 조금 나옵니다.
철수	:	좋습니다. 그것으로 주세요. 그리고 커피도 가져다 주세요.
웨이트리스	:	네, 알겠습니다. 커피는 지금 드릴까요, 식사 후에 드릴까요?
철수	:	식사 후에 주세요.

● **take** (가지고 가다)

take는 '가지고 가다, 데리고 가다'라는 의미(bring의 반대) 말고도 '(사진을) 찍다, 먹다' 등의 의미로도 사용할 수 있다.

I'll **take** some photos. (사진을 좀 찍겠습니다.)
I **take** cereal with milk for breakfast. (아침식사로 우유에 시리얼을 먹습니다.)

Review

다음 패턴을 이용해 문장을 만들어 보세요.

Who is ~? ~은 누구입니까?	**Who ~?** 누구를[누구에게] ~합니까?
Whose ~ is that? 저것은 누구의 ~입니까?	**What is ~?** ~은 무엇입니까?
What will you ~? 무엇을 ~하겠습니까?	

☐ 저 부인은 **누구입니까**?

☐ 당신의 이름은 **무엇입니까**?

☐ 당신의 사장은 **누구입니까**?

☐ 릭터 씨의 비서는 **누구입니까**?

☐ 저것은 누구의 집입니까?

☐ 이 소년은 **누구입니까**?

☐ 누구를 찾고 **있습니까**?

☐ 저 사람들은 **누구입니까**?

☐ **무엇을** 방문하**겠습니까**?

☐ **무엇을** 읽**겠습니까**?

☐ 누구에게 편지를 썼습니까?

Pattern 076~080 복습

- [ ] **저것은 누구의 컴퓨터입니까?**

- [ ] **당신의 직업은 무엇입니까?**

- [ ] **저것은 누구의 차입니까?**

- [ ] **누구를 방문할 예정입니까?**

- [ ] **저 타워는 무엇입니까?**

- [ ] **이 거리(이름)는 무엇입니까?**

- [ ] **저것은 누구의 숄더백입니까?**

- [ ] **누구를 만나고 싶습니까?**

- [ ] **당신의 (방 등의) 번호는 무엇입니까?**

- [ ] **무엇을 보겠습니까?**

- [ ] **누구를 만났습니까?**

- [ ] **무엇을 사겠습니까?**

- [ ] **저것은 누구의 상의입니까?**

- [ ] **무엇을 가지고 가겠습니까?**

Pattern 081

What ~ would you like?

어떤 ~이 좋겠습니까?

학습일

What dress would you like? 점원이 이렇게 물었을 때 마음에 드는 것이 있다면 Show me that dress, please.(저 드레스를 보여 주세요.) 라고 말하고 꼼꼼히 물건을 살펴보자. 마음에 드는 것이 없고, 원하는 것을 설명하기도 어려울 때는 Just looking around.(좀 둘러보겠습니다.) 라고 말하고 천천히 둘러보며 쇼핑을 즐기자.

 Step 1 기본 문장

What	**dress**	**would you like?**
왓	드레스	우쥬 라익
어떤	드레스	~가 좋겠습니까?

 Step 2 패턴 훈련

어떤 색이 좋겠습니까?
What color **would you like**?
왓 컬러 우쥬 라익

어떤 유형이 좋겠습니까?
What type **would you like**?
왓 타잎 우쥬 라익

어떤 종류의 와인이 좋겠습니까?
What kind of wine **would you like**?
왓 카인드 오브 와인 우쥬 라익

어떤 종류의 소스가 좋겠습니까?
What kind of sauce **would you like**?
왓 카인드 오브 소-스 우쥬 라익

어떤 종류의 기념품이 좋겠습니까?
What kind of souvenir **would you like**?
왓 카인드 오브 슈-버니어 우쥬 라익

 **Step 3** 회화 연습

소형 테이프 레코더를 찾는다

Clerk : **May I help you, sir?**
메이 아이 핼퓨 써

Chul-su : **I'm looking for a tape recorder.**
아임 루킹 풔러 테잎 레코더

Clerk : 어떤 종류의 테이프 레코더가 좋겠습니까?
왓 카인드 오브 테잎 레코더 우쥬 라잌

Chul-su : **I'm thinking of buying a very small one that fits in my pocket.**
아임 씽킹 오브 바잉 어 베리 스몰 원 댓 핏츠 인 마이 파킷

Clerk : **Oh, I see. I'm sorry, but we don't have one like that.**
오우, 아이 씨. 아임 소리, 벗 위 돈 해브 원 라잌 댓

점원 : 어서 오십시오.
철수 : 테이프 레코더를 찾고 있습니다.
점원 : **What kind of tape recorder would you like?**
철수 : 호주머니에 들어갈 만큼 작은 것을 사려고 합니다.
점원 : 알겠습니다. 죄송하지만, 그런 것은 우리 가게에는 없습니다.

- **What kind of ~?** (어떤 종류의 ~?)

  What dress ~? 대신에 What kind of dress ~?도 자주 쓴다.
  What kind of Scotch do you have? (어떤 종류의 스카치가 있습니까?)

Pattern 082

What time ~?

몇 시에 ~합니까?

한국의 열차는 거의 예외없이 정시에 출발하고 도착하는 것이 일반적이지만, 외국의 열차는 반드시 그렇다고 할 수 없다. 특히 미국의 대륙횡단열차는 반나절 정도나 지연되는 경우도 있다. 미국은 워낙 땅이 넓기 때문에 대부분 비행기로 이동하는 편이다.

Step 1 기본 문장

What time does this bus arrive in Chicago?
왓 타임 더즈 디스 버스 어라이브 인 시카고

몇 시에 이 버스는 시카고에 도착합니까?

Step 2 패턴 훈련

몇 시에 이 열차는 떠납니까?
What time does this train leave?
왓 타임 더즈 디스 트레인 리브

몇 시에 식료품점은 엽니까?
What time does the grocery open?
왓 타임 더즈 더 글로서리 오픈

몇 시에 스미스 씨는 돌아옵니까?
What time does Mr. Smith come back?
왓 타임 더즈 미스터 스미스 캄 백

몇 시에 제가 당신을 만날 수 있습니까?
What time can I see you?
왓 타임 캔 아이 씨 유

몇 시에 제가 여기에 와야 합니까?
What time must I come here?
왓 타임 머스트 아이 캄 히얼

 **Step 3 회화 연습**

몇 시에 시작하나요?

John : **Are there any good TV programs on tonight?**
아 데얼 애니 굿 티비 프로그램스 온 투나잇

Betty : **Well, let me take a look at the paper. …**
웰, 렛 미 테이크 어 룩 엣 더 페이퍼

How about a quiz show?
하우 어바웃 어 퀴즈 쇼

John : **Sounds good.** 몇 시에 시작하나요?
사운즈 굿. 왓 타임 윌 잇 스타-트

Betty : **At eight o'clock.**
엣 에잇 어클락

존 : 오늘밤 좋은 TV 프로가 있습니까?
베티 : 어디, 신문을 볼까요. 퀴즈 프로 어때요?
존 : 재미있겠군요. **What time will it start?**
베티 : 8시예요.

Tips

● **what time** (몇 시에)
'몇 시에 가게를 닫습니까?' 라고 할 때에는 다음과 같이 말하면 된다.
What time do you close?
이때의 **you**는 '당신은' 이라는 의미가 아니라 '당신들은' 이라는 의미로, '가게를 경영하고 있는 사람들' 을 가리킨다. 다음과 같이 말할 수도 있다.
What time do you open? (몇 시에 개점합니까?)

207

Pattern 083

What did you ~?

무엇을 ~했습니까?

호텔 방에 key를 두고 나왔을 때 어떻게 말해야 할지 생각이 나지 않아서 프론트에서 머뭇머뭇하고 있으면 What did you do?(무슨 일입니까?)라고 묻는다. 이런 경우는 다음과 같이 말한다. I left my key in my room.(방에 키를 두고 왔습니다.) 여기서 left는 '왼쪽'이 아니라 leave '출발하다, 두고 가다'의 과거형인 left '잊고 왔다, 두고 왔다'이다.

Step 1 기본 문장

What did you	**do?**
왓 디쥬	두
무엇을 ~했습니까?	하다

Step 2 패턴 훈련

무엇을 봤습니까?　　**What did you** see?
　　　　　　　　　왓 디쥬 씨

무엇을 주문했습니까?　**What did you** order?
　　　　　　　　　왓 디쥬 오-더

무엇을 마셨습니까?　　**What did you** drink?
　　　　　　　　　왓 디쥬 드링크

무엇을 샀습니까?　　　**What did you** buy?
　　　　　　　　　왓 디쥬 바이

뭐라고 말했습니까?　　**What did you** say?
　　　　　　　　　왓 디쥬 세이

 **Step 3 회화 연습**

생일 선물은 무엇을 샀나요?

Sunsil : 오빠 생일 선물로 무엇을 샀나요?
왓 디쥬 바이 풔 유어 브라더즈 벌스데이

Susan : I bought a small alarm clock.
아이 보우트 어 스몰 얼람 크락

Sunsil : That was a good idea. I know your brother travels a lot.
댓 워즈 어 굿 아이디어 아이 노우 유어 브라더 트래블즈 어 랏

선실 : What did you buy for your brother's birthday?
수잔 : 소형 알람시계를 샀어요.
선실 : 잘 했군요. 당신의 오빠는 여행을 자주 하는 걸로 알고 있어요.

 Tips

● **What did you see?** (무엇을 봤습니까?)

What did you see?(무엇을 봤습니까?)라고 물으면 다음과 같이 대답하면 된다.

I saw many strange buildings.(진기한 건물들을 많이 보았습니다.)

many strange buildings 대신 다른 여러가지를 넣어 활용할 수 있다.

I saw a large ship.(큰 배를 보았습니다.)

I saw a lot of beautiful pictures.(멋진 그림들을 많이 보았습니다.)

see '보다'는 see(현재) – saw(과거)로 변화한다. 자주 이용되는 다른 동사의 변화(현재 · 과거)를 알아두자.

| order – ordered | drink – drank | buy – bought |
| say – said | go – went | come – came |

Pattern 084

When can I ~?

언제 ~할 수 있습니까?

사람을 방문할 때는 반드시 상대방의 형편을 먼저 물어야 한다. 그럴 경우에 우리 말로는 '내가 언제 가면 좋겠습니까'지만 go를 쓰지 않고 come을 쓴다는 것에 주의하자. 대답은 보통 **Please come at three tomorrow.**(내일 3시에 오세요.) 식이다. when 대신에 **what time**(몇 시에)을 써도 좋지만, when을 폭넓게 쓸 수 있다.

Step 1 기본 문장

When can I 훼 캔 아이
언제 ~할 수 있습니까?

come? 캄
갈

Step 2 패턴 훈련

언제 저는 브라운 씨를 만날 수 있습니까?	**When can I** see Mr. Brown? 훼 캔 아이 씨 미스터 브라운
언제 저는 그 표를 살 수 있습니까?	**When can I** buy the ticket? 훼 캔 아이 바이 더 티킷
언제 저는 체크인할 수 있습니까?	**When can I** check in? 훼 캔 아이 체크 인
언제 저는 백악관을 방문할 수 있습니까?	**When can I** visit the White House? 훼 캔 아이 비짓 더 화이트 하우스
언제 그것은 준비됩니까?	**When will it** be ready? 훼 윌 잇 비 레디

 **Step 3 회화 연습**

방문 약속

Chul-su : **May I call on you tomorrow afternoon?**
메이 아이 콜 온 유 투머로우 에프터눈

Dick : **Please do.**
플리이스 두

Chul-su : 언제 방문하면 됩니까?
웬 캔 아이 캄

Dick : **You can come any time you like. I'll be free all afternoon.**
유 캔 캄 애니 타임 유 라잌. 아윌 비 프리 올 에프터눈

철수 : 내일 오후에 방문해도 되겠습니까?
딕 : 네, 그러세요.
철수 : **When can I come?**
딕 : 언제라도 좋으실 때 오세요. 저는 오후에는 한가합니다.

 Tips

● **When will it be ready?** (언제 준비가 됩니까?)

ready는 '준비가 되다'라는 의미. 위의 문장은 물건을 주문하고 '언제 됩니까?'라고 질문할 때에 주로 쓰인다.

Breakfast is **ready**. (아침식사가 준비됐습니다.)
Your table is **ready**. (당신 테이블이 준비됐습니다.)

Pattern 085

When does ~ …?

언제 ~은 …합니까?

학습일

가게 주인이나 점원에게 언제 가게 문을 여냐고 물을 때에는 When do you open?이라고 하지만, 점원이 아닌 다른 사람에게 물을 때에는 When does the store open?이라고 해야 한다. 따라서 대답도 다르다. 전자일 경우에는 We open at 9. (9시에 엽니다.) 후자의 경우에는 It opens at 9. (9시에 열립니다.) 등으로 답한다.

 Step 1 기본 문장

When does / **the game start?**
훼 더즈 / 더 게임 스타트
언제 ~은 …합니까? / 경기가 시작

 **Step 2 패턴 훈련**

언제 음악회가 시작합니까?
When does the concert begin?
훼 더즈 더 콘서트 비긴

언제 가게가 엽니까?
When does the store open?
훼 더즈 더 스토어 오픈

언제 비행기가 도착합니까?
When does the plane arrive?
훼 더즈 더 플레인 어라이브

언제 오시겠습니까?
When will you visit us?
훼 윌 유 비짓 어스

언제 전화 주시겠습니까?
When will you call me?
훼 윌 유 콜 미

 **Step 3** 회화 연습

비행기는 언제 도착합니까?

Betty : Good-bye, Sunsil. I hope you'll have a nice flight.
굿바이, 선실. 아이 호프 유윌 해브 어 나이스 프라잇트

Sunsil : Good-bye, Betty.
굿바이 베티

Thank you very much for coming to see me off.
땡큐 베리 머취 풔 카밍 투 씨 미 오프

Betty : You're welcome. 비행기가 언제 시애틀에 도착해요?
유어 웰컴. 휀 더즈 유어 플레인 어라이브 엣 시애틀

Sunsil : I'm not sure, but it arrives there before noon.
아임 낫 슈어, 벗 잇 어라이브즈 데얼 비포 눈

Please remember me to your family.
플리이스 리멤버 미 투 유어 패밀리

Betty : Surely, I will.
슈어리, 아이 윌

베티 : 잘 가요, 선실 씨. 즐거운 여행이 되길 바라요.
선실 : 잘 있어요, 베티. 송별 나와 주어서 매우 고마워요.
베티 : 천만에요. **When does your plane arrive at Seattle?**
선실 : 확실치 않지만 정오 전에 도착해요. 가족에게 안부 전해 주세요.
베티 : 네, 그럴게요.

 Tips

- **When will you call me?** (언제 전화하시겠습니까?)

  When will you call me?는 상대의 형편을 묻는 표현으로 주로 상대가
  I'll call you again.(다시 전화하겠습니다.)이라고 먼저 말한 경우에 사용한다.
  또한 다음과 같이 말할 수도 있다.

  I'll be out until five. When will you call me? (5시까지 외출합니다. 언제 전화하시겠습니까?)

Review

다음 패턴을 이용해 문장을 만들어 보세요.

What ~ would you like? 어떤 ~이 좋겠습니까?	What time ~? 몇 시에 ~합니까?
What did you ~? 무엇을 ~했습니까?	When can I ~? 언제 ~할 수 있습니까?
When does ~ …? 언제 ~은 …합니까?	

☐ 어떤 색이 좋겠습니까?

☐ 언제 저는 백악관을 방문할 수 있습니까?

☐ 몇 시에 이 열차는 떠납니까?

☐ 어떤 종류의 와인이 좋겠습니까?

☐ 어떤 종류의 소스가 좋겠습니까?

☐ 몇 시에 제가 당신을 만날 수 있습니까?

☐ 어떤 종류의 기념품이 좋겠습니까?

☐ 언제 음악회가 시작합니까?

☐ 언제 가게가 엽니까?

☐ 몇 시에 식료품점은 엽니까?

☐ 몇 시에 스미스 씨는 돌아옵니까?

Pattern 081~085 복습

☐ 언제 저는 체크인할 수 있습니까?

☐ 몇 시에 제가 여기에 와야 합니까?

☐ 무엇을 봤습니까?

☐ 언제 오시겠습니까?

☐ 어떤 유형이 좋겠습니까?

☐ 무엇을 마셨습니까?

☐ 무엇을 샀습니까?

☐ 뭐라고 말했습니까?

☐ 언제 저는 브라운 씨를 만날 수 있습니까?

☐ 언제 저는 그 표를 살 수 있습니까?

☐ 무엇을 주문했습니까?

☐ 언제 그것은 준비됩니까?

☐ 언제 비행기가 도착합니까?

☐ 언제 전화 주시겠습니까?

Pattern 086

When are you ~?
언제 ~할 겁니까?

are you going to ~?는 will you ~?와 의미가 같다.
Are you going to go to Charleston? (찰스톤에 갈 예정입니까?)
(= Will you go to Charleston?)
주어가 he나 she 등의 3인칭일 경우에는 when is he[she] ~?가 된다.

Step 1 기본 문장

When are you 〉 **going to leave?**
훼 아 유   고잉 투 리브
언제 ~할 겁니까?   출발할

Step 2 패턴 훈련

언제 당신은 그에게 답장할 겁니까?	**When are you** going to answer him? 훼 아 유 고잉 투 앤서 힘
언제 당신은 한국에 올 겁니까?	**When are you** coming to Korea? 훼 아 유 카밍 투 코리어
언제 그들은 출발할 겁니까?	**When are they** leaving? 훼 아 데이 리빙
언제 그는 비행기로 귀국할 겁니까?	**When is he** flying home? 훼 이즈 히 프라잉 홈
언제 그녀는 점심식사를 할 겁니까?	**When is she** having lunch? 훼 이즈 쉬 해빙 런취

 **Step 3 회화 연습**

언제 출발하세요?

Bob : **May I come and see you next week?**
메이 아이 캄 앤 씨 유 넥스트 윔

Chul-su : **I'm sorry, but I'm going to visit Niagara Falls next week.**
아임 소리, 벗 아임 고잉 투 비짓 나이애거러 포-ㄹ스 넥스트 윔

Bob : **언제 출발하세요?**
훼 아 유 고잉 투 리브

Chul-su : **The fifteenth of this month.**
더 피프틴스 오브 디스 몬스

Bob : **And when will you come back?**
앤 훼 윌 유 캄백

Chul-su : **The twentieth or the twenty-first.**
더 투앤티스 오어 더 투앤티 퍼스트

밥 : 다음 주에 뵈러 가도 될까요?
철수 : 미안하지만, 다음 주에는 나이아가라 폭포에 갈 예정이에요.
밥 : **When are you going to leave?**
철수 : 이번 달 15일이에요.
밥 : 언제 돌아오시나요?
철수 : 20일이나 21일에요.

● **fly home** (비행기로 돌아오다)

fly는 '(비행기로) 오[가]다' 라는 의미. **Did you fly?**(비행기로 갔습니까?)라고 할 수도 있다.
fly(날다)와 fry(튀기다)는 발음이 비슷하므로 주의하자.

When are you coming to Korea? (언제 한국에 올 겁니까?)
위의 문장은 **When will you come to Korea?** / **When are you going to come Korea?**라고 해도 같다.

Pattern 087

Which will you have ~?

~중 어느 것으로 하겠습니까?

which는 선택의문문이다. which에 대한 대답은 Tea, please.(홍차를 주세요.) 등 원하는 것을 확실하게 말한다. '아무 것도 필요 없어요.' 라고 말하려면 I won't have either.(어느 것도 먹지 않겠습니다.)라고 해야 한다. 둘 다니까 both를 쓰겠다고 생각해서 I won't have both.(둘 다 필요 없어요.)라고 해서는 안 된다.

Step 1 기본 문장

Which will you have, 휘치 윌 유 해브,
tea or coffee? 티 오어 커피

~중 어느 것으로 하겠습니까?   홍차와 커피

Step 2 패턴 훈련

이것과 저것 중 **어느 것을 추천하겠습니까?**	**Which do you recommend,** this or that? 휘치 두 유 리컴맨드, 디스 오어 댓
돼지고기와 닭고기 중 **어느 것을 더 좋아합니까?**	**Which do you prefer,** pork or chicken? 휘치 두 유 프리퍼, 폴크 오어 치킨
펜과 연필 중 **어느 것을 쓸 수 있습니까?**	**Which can I use,** a pen or a pencil? 휘치 캔 아이 유즈, 어 펜 오어러 펜슬
글러브와 배트 중 **어느 것을 얻을 수 있습니까?**	**Which can I get,** a glove or a bat? 휘치 캔 아이 겟, 어 클로브 오어러 뱃
연극과 영화 중 **어느 것을 볼 수 있습니까?**	**Which can I see,** a play or a movie? 휘치 캔 아이 씨, 어 플레이 오어러 무비

 **Step 3** 회화 연습

홍차와 커피 중 어느 걸로 하시겠어요?

Nancy : **Won't you sit down? Please make yourself comfortable.**
원츄 싯 다운? 플리이스 메이크 유어셀프 컴퍼터블

Sunsil : **Thank you.**
땡큐

Nancy : **홍차와 커피 중에 어느 걸로 하시겠어요?**
휘치 윌 유 해브 티 오어 커피

Sunsil : **Coffee, please.**
커피, 플리이스

Nancy : **Help yourself to the cookies. They're home-made.**
헬프 유어셀프 투 더 쿠키즈. 데이어 홈메이드

낸시 : 앉으시겠어요? 편히 쉬세요.
선실 : 고마워요.
낸시 : **Which will you have, tea or coffee?**
선실 : 커피를 부탁해요.
낸시 : 쿠키를 좀 드세요. 집에서 만든 거예요.

Tips

● **Which do you recommend, this or that?**

Which do you recommend, this or that?(이것과 저것 중 어느 것을 추천하시겠습니까?)은 어느 것을 골라야 할지 모를 때, 동행자나 점원에게 의견을 묻는 표현이다.
대답은 다음과 같이 한다.
I'll recommend this. (이걸 추천하겠습니다.)

Pattern 088

Which do you like better, ~?
~중 어느 것을 더 좋아합니까?

이에 대한 대답은 **I like meat better.**(고기를 더 좋아합니다.)라고 할 수 있다. **I like better meat.**이라고 하지 않도록 주의한다. 같은 질문을 **Which do you prefer, meat or fish?** 라고도 물을 수 있다. 여기에 대한 대답은 **I prefer meat (to fish).**라고 한다.

Step 1 기본 문장

Which do you like better, 휘치 두 유 라일 베터
meat or fish? 밋 오어 피쉬

~중 어느 것을 더 좋아합니까?   고기와 생선

Step 2 패턴 훈련

| 당신은 배와 사과 중에 **어느 것을 더 좋아합니까?** | **Which do you like better,** pears or apples? 휘치 두 유 라일 베터, 페어스 오어 애플스? |

당신은 감자와 양파 중에 **어느 것을 더 좋아합니까?**
Which do you like better, potatoes or onions?
휘치 두 유 라일 베터, 포테이토스 오어 어니언스?

당신은 쇠고기와 돼지고기 중에 **어느 것을 더 좋아합니까?**
Which do you like better, beef or pork?
휘치 두 유 라일 베터, 비프 오어 폴크?

당신은 적색과 청색 중에 **어느 것을 더 좋아합니까?**
Which do you like better, red or blue?
휘치 두 유 라일 베터, 레드 오어 블루?

당신은 갈비와 불고기 중에 **어느 것을 더 좋아합니까?**
Which do you like better, Galbi or Bulgogi?
휘치 두 유 라일 베터, 갈비 오어 불고기?

 **Step 3 회화 연습**

라디오와 텔레비전

Tom : 라디오와 텔레비전 중에 어느 것을 좋아하세요?
휘치 두 유 라잌 베터 래이디오 오어 텔리비즌

Chul-su : These days, I don't listen to the radio as often as I used to.
디즈 데이즈, 아이 돈 리슨 투 더 레이디오 애즈 오픈 애즈 아이 유스터

Watching TV is much more interesting.
와칭 티비 이즈 머취 모어 인터레스팅

Tom : It's different with me, because I do a lot of driving.
잇츠 디퍼런트 위드 미, 비코우즈 아이 두 어 랏 오브 드라이빙

I always have my car radio on.
아이 올웨이즈 해브 마이 카 레이디오 온

Chul-su : Does your car have FM?
더즈 유어 카 해브 에프엠

Tom : Yes, and a cassette stereo set.
예스, 앤 어 카셋트 스테레오 셑

톰 : Which do you like better, radio or television?
철수 : 요즘, 저는 전만큼 라디오를 자주 듣지 않아요. 텔레비전을 보는 게 훨씬 재미있어요.
톰 : 내 경우에는 달라요. 차를 타는 경우가 많기 때문에 저는 항상 카라디오를 켜두고 있어요.
철수 : 당신 차에는 FM이 되나요?
톰 : 네, 카세트 스테레오도 있어요.

● pears or apples
A : Which do you like better, pears or apples? (배와 사과 중에 어느 것을 더 좋아합니까?)
B : I like pears better. (저는 배를 더 좋아합니다.)
보통 pears라고 복수형으로 하며, a pear라고는 하지 않는다.

Pattern 089

Which ~ is …?

…은 어느 ~입니까?

Which way is the coast?는 '어느 길로 가면 해안에 갈 수 있습니까?' 라는 의미이다. 가까우면 다음과 같이 대답한다.
Go straight along this street. (이 길을 똑바로 가세요.)
멀면 다음과 같이 말한다.
Take bus No. 25 over there. (저기서 25번 버스를 타세요.)
You had better take a cab. (택시를 타는 게 좋아요.)

 Step 1 기본 문장

Which	way	is	the coast?
휘치	웨이	이즈	더 코우스트
어느	길	~입니까?	해안은

 Step 2 패턴 훈련

버스 터미널은 **어느 방향입니까**?
Which direction **is** the bus terminal?
휘치 디랙션 이즈 더 버스 터미널

시청은 **어느 방향입니까**?
Which direction **is** City Hall?
휘치 디랙션 이즈 이즈 시티 홀

세계무역센터는 **어느 방향입니까**?
Which direction **is** the World Trade Center?
휘치 디랙션 이즈 더 월드 트레이드 센터

국회의사당은 **어느 방향입니까**?
Which direction **is** the Capitol?
휘치 디랙션 이즈 더 캐피틀

과학박물관은 **어느 방향입니까**?
Which direction **is** the science museum?
휘치 디랙션 이즈 더 사이언스 뮤지엄

 **Step 3 회화 연습**

가장 가까운 지하철역은?

Sunsil : **Excuse me, but** 가장 가까운 지하철역은 어느 방향입니까?
익스큐즈 미, 벗 휘치 디렉션 이즈 더 니어리스트 서웨이 스테이션

Passer-by : **Well, … Cross this bridge and keep on going for a while.**
웰, 클로스 디스 브릿쥐 앤 킾 온 고잉 풔러 화일

Then turn to the right at the second intersection and walk for two blocks.
덴 턴 투 더 라잇 엣 더 세컨 인터섹션 앤 웍 풔 투 블록스

You'll see the subway station on your left.
유 윌 씨 더 서웨이 스테이션 온 유어 레프트

Sunsil : **How long will it take?**
하우 롱 윌 잇 테이크

Passer-by : **Only five or six minutes, I guess.**
온리 파이브 오어 식스 미닛츠, 아이 게스

선실 : 실례지만, **which direction is the nearest subway station?**
행인 : 저, 이 다리를 건너서 계속 가세요.
그리고 두 번째 교차로에서 오른쪽으로 돌아서 두 블록 걸어가세요.
그러면 왼쪽에 지하철역이 있습니다.
선실 : 얼마나 걸립니까?
행인 : 5 ~ 6분밖에 걸리지 않을 겁니다.

- **which direction (어느 방향)**
지도를 가지고 있어도 낯선 곳에서는 방향감을 잃기 쉬워서 목적지로 가는 길을 모를 수 있다. 목적지가 지도에 나와 있으면, 그 건물이나 장소를 가리키며 Which direction is ~?라고 물어보자. 그러면 This direction.(이 방향입니다.)이라고 방향을 가르쳐 준다.
Where am I according to this map?(이 지도에서 여기는 어디입니까?)이라든가
Here I am.(여기지요.)이라고 현재 위치를 지도에서 확인해 두면 대강 그 부근에 갈 수 있다.

Pattern 090

Which ~ are you going to (…)?

어느 ~에 …할 겁니까?

택시를 타고 Station, please.(역으로 부탁합니다.)라고 하면, Which station?(어느 역이죠?)이라고 되물어 올 때가 있다. 큰 도시는 물론 작은 도시도 철도역, 버스터미널 등이 많이 있다. 또한 같은 역이라도 문이 여러 개 있을 수 있기 때문에 정확한 장소를 미리 알아두는 것이 좋다.

Step 1 기본 문장

Which	part of London	are you going to?
휘치	파트 오브 런던	아 유 고잉 투
어느	런던의 지역에	갈 겁니까?

Step 2 패턴 훈련

어느 역으로 갈 겁니까?
Which station **are you going to**?
휘치 스테이션 아 유 고잉 투

어느 호텔로 갈 겁니까?
Which hotel **are you going to**?
휘치 호우텔 아 유 고잉 투

어느 게이트로 갈 겁니까?
Which gate **are you going to**?
휘치 게이트 아 유 고잉 투

어느 비행편을 탈 겁니까?
Which flight **are you going to** take?
휘치 플라잇 아 유 고잉 투 테이크

어느 버스로 갈 겁니까?
Which bus **are you going to** take?
휘치 버스 아 유 고잉 투 테이크

어느 버스를 탈 겁니까?

Chul-su : Excuse me, but where's the bus stop?
익스큐즈 미 벗 훼얼즈 더 버스 스탑

Passer-by : 어느 버스를 탈 겁니까?
휘치 버스 아 유 고잉 투 테이크

Chul-su : Oh, I'm not sure, but I'm going to Union Square.
오우, 아임 낫 슈어, 벗 아임 고잉 투 유니언 스퀘어

Passer-by : Go straight on along this street and turn to the left at the third intersection.
고우 스트레잇 온 어롱 디스 스트릿 앤 턴 투 더 레프트 엣 더 써드 인터섹션

You'll find the bus stop in front of the department store.
유월 파인드 더 버스 스탑 인 프런트 오브 더 디파트먼트 스토어

철수 : 실례지만, 버스정류소는 어디 있습니까?
행인 : **Which bus are you going to take?**
철수 : 잘 모르겠습니다만, 저는 유니온 광장에 갈 겁니다.
행인 : 이 길을 똑바로 가서 세 번째 교차로에서 왼쪽으로 도세요.
그러면, 백화점 앞에 버스 정류장이 있습니다.

Tips

● **which part of London** (런던의 어디)
여기서 **part**는 '부분, 지역'의 의미로 쓰였다.

| eastern 동부 | western 서부 | southern 남부 |
| northern 북부 | central 중앙부 | |

225

Review

다음 패턴을 이용해 문장을 만들어 보세요.

When are you ~? 언제 ~할 겁니까?	**Which will you have ~?** ~중 어느 것으로 하겠습니까?
Which do you like better, ~? ~중 어느 것을 더 좋아합니까?	**Which ~ is …?** …은 어느 ~입니까?
Which ~ are you going to (…)? 어느 ~에 …할 겁니까?	

☐ 언제 당신은 그에게 답장할 겁니까?

☐ 당신은 적색과 청색 중에 **어느 것을 더 좋아합니까?**

☐ 언제 그들은 출발할 겁니까?

☐ 언제 그는 비행기로 귀국할 겁니까?

☐ 과학박물관은 **어느** 방향**입니까?**

☐ 이것과 저것 중 **어느 것을 추천하겠습니까?**

☐ **어느 호텔로 갈 겁니까?**

☐ 펜과 연필 중 **어느 것을 쓸 수 있습니까?**

☐ 글러브와 배트 중 **어느 것을 얻을 수 있습니까?**

☐ 연극과 영화 중 **어느 것을 볼 수 있습니까?**

☐ 당신은 배와 사과 중에 **어느 것을 더 좋아합니까?**

Pattern 086~090 복습

☐ 당신은 감자와 양파 중에 **어느 것을 더 좋아합니까**?

☐ 세계무역센터는 **어느 방향입니까**?

☐ **언제 그녀는** 점심식사를 **할 겁니까**?

☐ 당신은 갈비와 불고기 중에 **어느 것을 더 좋아합니까**?

☐ 버스 터미널은 **어느 방향입니까**?

☐ 시청은 **어느 방향입니까**?

☐ **어느** 버스로 **갈 겁니까**?

☐ **어느** 게이트로 **갈 겁니까**?

☐ **언제 당신은** 한국에 올 **겁니까**?

☐ 국회의사당은 **어느 방향입니까**?

☐ 돼지고기와 닭고기 중 **어느 것을 더 좋아합니까**?

☐ **어느** 역으로 **갈 겁니까**?

☐ 당신은 쇠고기와 돼지고기 중에 **어느 것을 더 좋아합니까**?

☐ **어느** 비행편을 **탈 겁니까**?

Pattern 091

Which ~ do I take …?

어느 ~를 타면 됩니까?

출발역에는 보통 1번선, 2번선 식으로 몇 개의 track (선로)이 있어서 어디서 타야 하는지 처음 가는 사람은 상당히 헷갈릴 수 있다. 이럴 때에는 Which train do I take for ~? 라고 물어보면 Track 7.(7번선입니다.)이라고 가르쳐 준다. 숫자 대신에 A, B, C 등을 쓰는 곳도 있다.

Step 1 기본 문장

Which	train	do I take	for New York?
휘치	트레인	두 아이 테이크	풔 뉴욕
어느	열차를	타면 됩니까?	뉴욕에 가려면

Step 2 패턴 훈련

그랜드 호텔로 가려면 **어느 버스를 타면 됩니까?**
Which bus **do I take** for the Grand Hotel?
휘치 버스 두 아이 테이크 풔 더 그랜드 호우텔?

그랜드 호텔로 가려면 **어느 리무진을 타면 됩니까?**
Which limousine **do I take** for the Grand Hotel?
휘치 리머지-ㄴ 두 아이 테이크 풔 더 그랜드 호우텔?

세인트 폴로 가려면 **어느 비행편을 타면 됩니까?**
Which flight **do I take** for St. Paul?
휘치 플라잇 두 아이 테이크 풔 세인트 포-ㄹ?

시내로 가려면 **어느 전차를 타면 됩니까?**
Which streetcar **do I take** for downtown?
휘치 스트릿카 두 아이 테이크 풔 다운타운?

비즈니스 지역으로 가려면 **어느 길로 가면 됩니까?**
Which way **do I take** go to the business district?
휘치 웨이 두 아이 테이크 고우 투 더 비즈니스 디스트릭ㅌ?

 **Step 3** 회화 연습

어느 버스를 타면 됩니까?

Sunsil : **Is the aquarium a long way from here?**
이즈 디 어쾌리움 어롱 웨이 프럼 히얼

Passer-by : **Yes, you'd better take a bus running down this street.**
예스, 유드 베터 테이크 어 버스 런닝 다운 디스 스트릿

Sunsil : **거기에 가려면 어느 버스를 타면 되나요?**
휘치 버스 두 아이 테일 투 겟 데얼

Passer-by : **You take the one for Mason Street.**
유 테일 더 원 풔 매이슨 스트릿

Sunsil : **Thank you very much.**
땡큐 베리 머취

Passer-by : **Not at all.**
낫 엣 올

철수 : 수족관이 여기에서 먼가요?
행인 : 네, 이 거리를 다니는 버스를 타시는 게 좋을 겁니다.
철수 : **Which bus do I take to get there?**
행인 : 메이슨 스트릿행 버스를 타세요.
철수 : 감사합니다.
행인 : 천만에요.

● **street car**(시내 전차)
이것은 지하철과는 다르게 시내의 지상을 달리는 전차이다. 크기는 보통 버스 정도이지만 대부분 2층으로 되어 있다. 요금지불 방법도 승차시에 지불, 차속에서 지불, 하차시 지불 등 여러 가지가 있다. 요금 대신에 **token**(토큰)을 쓰는 곳도 있다.

Pattern 092

Where's ~?

~은 어디에 있습니까?

where's는 where is의 단축형이다. toilet 대신 rest room이라 해도 좋다. 영어로 toilet이란 '공중화장실'을 뜻하므로 개인의 집에 있는 화장실은 toilet이라 하지 않는다. **Where's the bathroom?**(화장실은 어디 있습니까?) / **I'd like to wash my hands.**(화장실에 가고 싶습니다.) 등으로 말한다. 화장실과 욕실이 함께 있는 구조이므로 bathroom이라 하면 화장실을 의미한다.

Step 1 기본 문장

Where's the tourist information office?
훼얼즈 더 토어리스트 인퍼메이션 오-피스
~은 어디에 있습니까? 관광 안내소는

Step 2 패턴 훈련

화장실은 어디에 있습니까?	**Where's** the toilet? 훼얼즈 더 토일럿
버스 정류장은 어디에 있습니까?	**Where's** the bus stop? 훼얼즈 더 버스 스탑
당신의 집은 어디에 있습니까?	**Where's** your home? 훼얼즈 유어 호움
콜롬비아 대학은 어디에 있습니까?	**Where's** Columbia University? 훼얼즈 컬럼비어 유-니버-ㄹ서티
자유의 여신상은 어디에 있습니까?	**Where's** the Statue of Liberty? 훼얼즈 더 스태츄 오브 리버티

 **Step 3 회화 연습**

극장은 어디에 있습니까?

Chul-su : Excuse me, but 선라이즈 극장은 어디에 있습니까?
익스큐즈 미, 벗 훼얼즈 더 선라이즈 씨어터

Passer-by : I'm afraid I don't know. Do you have the address?
아임 어프레이드 아이 돈 노우. 두 유 해브 디 어드레스

Chul-su : No, I don't. But I heard it's near the Moonlight Building.
노우, 아이 돈트. 벗 아이 허드 잇츠 니어 더 문라잇 빌딩

Passer-by : Oh, I know where the Moonlight Building is.
오, 아이 노우 훼얼 더 문라잇 빌딩 이즈

If you go down this street about 300 yards,
이퓨 고우 다운 디스 스트릿 어바웃 쓰리헌드렛 야즈,

you'll come in front of the Moonlight Building.
유윌 캄 인 프론트 오브 더 문라잇 빌딩

철수 : 실례지만, where's the Sunrise Theater?
행인 : 잘 모르겠습니다. 주소를 갖고 계십니까?
철수 : 아뇨. 그렇지만 문라이트 빌딩 근처에 있다고 합니다.
행인 : 문라이트 빌딩은 알아요. 이 길을 따라 3000야드 가면 문라이트 빌딩이 나옵니다.

> **Tips**
>
> ● **could와 was[were] able to**
>
> could나 was[were] able to는 모두 '~할 수 있었다.' 라는 의미를 나타내는데 다음과 같은 차이가 있다.
>
> **무엇인가를 할 수 있는 능력이 있었던 경우**는 could 또는 was[were] able to를 모두 쓸 수 있으므로 She could[was able to] play the piano when she was a child.(그녀는 어렸을 때 피아노를 아주 잘 칠 수 있었습니다.)라고 할 수 있다.
>
> 한편 **어떤 일을 성취한 경우**에는 was[were] able to를 써서 She was able to get a job with a trading company.(그녀는 무역회사에 취직할 수 있었습니다.)라고 해야 한다.

Pattern 093

Where can I ~?

어디에서 ~할 수 있습니까?

Where can I get a bus? (어디에서 버스를 탈 수 있습니까?)라고 물을 경우 다음과 같이 말할 수도 있다. **Where's the bus stop?** (버스정류장은 어디에 있습니까?)
같은 방식으로 이 패턴을 다음과 같이 응용할 수 있다.
Where can I buy cosmetics? / Where's the cosmetics section?
(화장품 매장은 어디에 있습니까?)

Step 1 기본 문장

Where can I sit?
훼얼 캔 아이 / 싯

어디에서 ~할 수 있습니까? / 앉을

Step 2 패턴 훈련

어디에서 필름을 살 수 있습니까?	**Where can I** buy some film? 훼얼 캔 아이 바이 썸 필름
어디에서 화장품을 살 수 있습니까?	**Where can I** buy cosmetics? 훼얼 캔 아이 바이 카-즈메틱스
어디에서 버스를 탈 수 있습니까?	**Where can I** get a bus? 훼얼 캔 아이 겟 어 버스
어디에서 쉴 수 있습니까?	**Where can I** take a rest? 훼얼 캔 아이 테이크 어 레스트
어디에서 표를 살 수 있습니까?	**Where can I** get a ticket? 훼얼 캔 아이 겟 어 티킷

Step 3 회화 연습

어디에서 살 수 있습니까?

Sunsil : **Excuse me.**
익스큐즈 미

Clerk : **Yes.**
예스

Sunsil : **I'd like to buy some stockings.** 어디에서 살 수 있습니까?
아이드 라익 투 바이 썸 스타-킹즈. 훼얼 캔 아이 바이 뎀

Clerk : **They're in the Ladies' Clothes Department.**
데이어 인 더 레이디스 크로우즈 디파-트먼트

It's on the fourth floor. The elevator is just over there.
잇츠 온 더 풜스 플로어. 디 엘리베이터 이즈 져슷 오우버 데얼

Sunsil : **Thank you…, but I'll use the stairs. I need exercise.**
땡큐, 벗 아윌 유즈 더 스테어즈. 아이 니드 엑서사이즈

선실 : 실례하겠습니다.
점원 : 네.
선실 : 스타킹을 사고 싶은데. **Where can I buy them?**
점원 : 여성복 매장에 있습니다. 4층입니다. 엘리베이터가 저기에 있습니다.
선실 : 감사합니다. 그런데 계단을 이용하려고 합니다. 운동이 필요해서요.

Tips

● 웃음 표현의 종류

영어의 '웃다'는 크게 나누어 두 가지가 있다. 하나는 **laugh**인데 소리를 내서 유쾌하게 웃는 것이다. 또 하나는 소리를 내지 않는 미소 **smile**이다. 이 두 가지를 한국인은 혼동하기 쉬워서 **We laughed at him**. 이라고 좋은 뜻으로 말했지만 정작 그 말은 '그를 조소[냉소]했다.'라는 반대의 의미를 나타내게 되어 당사자를 분개시킨다. 한편 **We laughed at your joke**.라고 하면 '당신의 조크는 웃긴다.'라는 의미로 조크가 재미있었다는 의미가 된다.

또한 **She smiled at me**.는 호의의 미소를 지었다는 의미도 되고 냉소했다는 의미도 된다. 이것은 문장의 전후 관계로 판단해야 한다.

Pattern 094

Where are you -ing?

어디에서 ~하고 있습니까?

학습일

Where are you calling from?(어디에서 전화를 하고 있습니까?)이라고 상대가 물었을 경우에는 다음과 같은 방식으로 대답할 수 있다.
I'm calling from the airport. (공항에서 걸고 있습니다.)
From the Baltimore Hotel. (볼티모어 호텔입니다.)

 Step 1 기본 문장

Where are you | **call**ing | **from?**
훼얼 아 유 | 콜링 | 프럼
어디에서 ~하고 있습니까? | 전화를 걸고

 Step 2 패턴 훈련

당신은 어디에서 근무하고 있습니까?
Where are you work**ing**?
훼얼 아 유 워킹

당신은 어디로 갈 예정입니까?
Where are you go**ing** to?
훼얼 아 유 고잉 투

당신은 어디에서 그들과 만날 예정입니까?
Where are you go**ing** to meet them?
훼얼 아 유 고잉 투 밋 뎀

당신은 어디에서 스미스 씨와 만날 예정입니까?
Where are you go**ing** to see Mrs. Smith?
훼얼 아 유 고잉 투 씨 미시즈 스미스

당신은 어디에서 쇼를 볼 예정입니까?
Where are you go**ing** to see the show?
훼얼 아 유 고잉 투 씨 더 쇼우

 Step 3 회화 연습

직업을 묻다

Dick : **What do you do for a living, Mr. Lee?**
왓 두 유 두 풔러 리빙, 미스터 리

Mr. Lee : **I'm an electronics engineer.**
아임 언 일렉트로닉스 엔지니어

Dick : **어디에서 근무하세요?**
훼얼 아 유 워킹

Mr. Lee : **I'm working for a company in Suwon.**
아임 워킹 풔러 캄퍼니 인 수원

Dick : **What does your brother do?**
왓 더즈 유어 브라더 두

Mr. Lee : **He's a college student.**
히즈 어 칼리쥐 스투든ㅌ

딕 : 이 선생님은 직업이 뭐예요?
이 씨 : 저는 전기기사입니다.
딕 : **Where are you working?**
이 씨 : 저는 수원에 있는 회사에서 근무하고 있습니다.
딕 : 동생분은 뭐하세요?
이 씨 : 대학생입니다.

 Tips

● **Where are you going to?** (어디로 갈 예정입니까?)

이것은 to를 빼고 그냥 Where are you going?이라고 해도 된다.
한국에서는 '어디 가세요?' 라고 보통 인사하기도 하지만, 외국에서는 거의 관습적으로 상대방이 어디로 가는지 그것은 그 사람의 자유이고 개인적인 일이며 또한 밝히고 싶지 않은 경우도 있다고 생각하기 때문에, 상대방과 친한 경우에는 괜찮지만, 꼭 필요한 경우가 아니라면 행선지 등을 묻는 식으로 인사하지 않는 것이 좋다.

Pattern 095

How can I ~?

어떻게 ~할 수 있습니까?

How can I ~?는 '내가 어떻게 하면 ~을 할 수 있는지' 방법을 묻는 패턴이다. How can I get there?(어떻게 거기에 갈 수 있습니까?)의 **get there** 부분에 알고 싶은 내용을 넣어서 다양하게 응용할 수 있다. 이런 질문에 대해서는, 거리가 가까우면 **It's only a ten minute's walk.**(걸어서 10분 거리입니다.) 멀면 **Take a taxi[bus / streetcar].**(택시[버스 / 시내전차]를 타세요.) 등으로 답한다.

Step 1 기본 문장

How can I | **get there?**
하우 캔 아이 | 겟 데얼
어떻게 ~할 수 있습니까? | 거기에 갈

Step 2 패턴 훈련

어떻게 당신 가게에 갈 수 있습니까?
How can I get to your store?
하우 캔 아이 겟 투 유어 스토어

어떻게 한국에 이 소포를 보낼 수 있습니까?
How can I send this parcel to Korea?
하우 캔 아이 센드 디스 파-슬 투 코리어

어떻게 이 창문을 열 수 있습니까?
How can I open this window?
하우 캔 아이 오픈 디스 윈도우

어떻게 저 전화를 쓸 수 있습니까?
How can I use that telephone?
하우 캔 아이 유즈 댓 텔리포운

어떻게 그것을 얻을 수 있습니까?
How can I get it?
하우 캔 아이 아이 겟 잇

 Step 3 회화 연습

은행에서 송금하기

| Chul-su | : | I'd like to send some money to Boston. 어떻게 하면 됩니까?
아이드 라잌 투 센드 썸 머니 투 보스턴. 하우 캔 아이 두 잇 |
| Bank Clerk | : | Please fill in this form … You wish to send 500 dollars?
플리이스 필 인 디스 포-ㅁ… 유 위시 투 센드 파이브 헌드레드 달러즈
Does the receiver have an account with any bank in Boston?
더즈 더 리씨버 해브 언 어카운트 위드 애니 뱅크 인 보스턴 |
| Chul-su | : | I'm not sure.
아임 낫 슈어 |
| Bank Clerk | : | Then you can send a remittance check.
덴 유 캔 센드 어 리미튼스 첵 |
| Chul-su | : | Good.
굿 |

| 철수 | : | 보스톤에 송금하고 싶습니다. **How can I do it?** |
| 은행원 | : | 이 용지에 기입하세요. 500달러를 보내시려구요?
수취인은 보스턴의 어떤 은행에 구좌를 가지고 있습니까? |
철수	:	잘 모르겠습니다.
은행원	:	그러면 은행환으로 보내세요.
철수	:	좋습니다.

 Tips

● **How can I send ~?** (~를 어떻게 하면 보낼 수 있습니까?)

한국에 물건을 보낼 때는 선편(sea mail)과 항공편(air mail) 가운데 선택할 수 있다. 선편은 비용이 싸지만 시간이 오래 걸린다. 항공편은 빨리 도착하지만 비용이 선편에 비해 무척 비싸다. 그러므로 보내려는 물건이 귀중품인지 아닌지, 또는 중량을 고려해서 어느 것으로 보낼지 결정해야 한다.

Review

다음 패턴을 이용해 문장을 만들어 보세요.

Which ~ do I take ...? 어느 ~를 타면 됩니까?	**Where's ~?** ~은 어디에 있습니까?
Where can I ~? 어디에서 ~할 수 있습니까?	**Where are you -ing?** 어디에서 ~하고 있습니까?
How can I ~? 어떻게 ~할 수 있습니까?	

☐ 그랜드 호텔로 가려면 **어느 버스를 타면 됩니까**?

☐ **당신은 어디에서** 근무하고 **있습니까**?

☐ **어디에서** 버스를 탈 **수 있습니까**?

☐ 시내로 가려면 **어느 전차를 타면 됩니까**?

☐ **당신은 어디에서** 쇼를 볼 예정**입니까**?

☐ 화장실**은 어디에 있습니까**?

☐ **어떻게** 이 창문을 열 **수 있습니까**?

☐ 당신의 집**은 어디에 있습니까**?

☐ **어디에서** 표를 살 **수 있습니까**?

☐ 자유의 여신상**은 어디에 있습니까**?

☐ **어디에서** 필름을 살 **수 있습니까**?

Pattern 091~095 복습

☐ **어디에서** 화장품을 **살 수 있습니까**?

☐ 버스 정류장**은 어디에 있습니까**?

☐ **어디에서** 쉴 **수 있습니까**?

☐ 콜롬비아 대학**은 어디에 있습니까**?

☐ 당신은 **어디로** 갈 예정**입니까**?

☐ 당신은 **어디에서** 그들과 만날 예정**입니까**?

☐ 당신은 **어디에서** 스미스 씨와 만날 예정**입니까**?

☐ 그랜드 호텔로 가려면 **어느** 리무진**을 타면 됩니까**?

☐ **어떻게** 당신 가게에 갈 **수 있습니까**?

☐ **어떻게** 한국에 이 소포를 보낼 **수 있습니까**?

☐ 세인트 폴로 가려면 **어느** 비행편**을 타면 됩니까**?

☐ **어떻게** 저 전화를 쓸 **수 있습니까**?

☐ **어떻게** 그것을 얻을 **수 있습니까**?

☐ 비즈니스 지역으로 가려면 **어느** 길**로** 가면 **됩니까**?

Pattern 096

How long ~?

얼마나 ~걸립니까? / ~의 길이가 얼마입니까?

how long ~?은 '길이, 기간' 등을 물을 때 쓰는 말로 How long are you staying?는 다음과 같이 바꿔 말해도 된다. **How many days are you staying?** (며칠간 체재합니까?) 여행하는 동안 이런 질문을 자주 받게 되는데, 그럴 땐 다음과 같은 방식으로 대답하면 된다. (**I'm staying**) **For three days.** (3일간 체재합니다.)

Step 1 기본 문장

How long 하우 롱 > **are you staying?** 아 유 스테잉

얼마나 ~걸립니까?   머무를

Step 2 패턴 훈련

저 스키는 (길이가) 얼마입니까?
How long is that ski?
하우 롱 이즈 댓 스키?

이 상자는 (길이가) 얼마입니까?
How long is this box?
하우 롱 이즈 디스 박스?

택시로 힐튼까지 (시간이) 얼마나 걸립니까?
How long does it take to get to the Hilton by taxi?
하우 롱 다즈 잇 테일 투 겟 투 더 힐튼 바이 택시?

공원까지 걸어서 (시간이) 얼마나 걸립니까?
How long does it take to get to the park on foot?
하우 롱 다즈 잇 테일 투 겟 투 더 팍 온 풋?

그곳까지 버스로 (시간이) 얼마나 걸립니까?
How long does it take to get to Washington Square by bus?
하우 롱 다즈 잇 테일 투 겟 투 와싱턴 스퀘어 바이 버스?

 **Step 3** 회화 연습

여기에는 얼마나 체재할 겁니까?

Chul-su : **I'd like to see you one of these days.**
아이드 라잌 투 씨 유 원 오브 디즈 데이즈

Jim : **여기에는 얼마나 체재할 겁니까?**
하우 롱 아 유 스테잉 히얼

Chul-su : **I'm leaving here this Saturday.**
아임 리빙 히얼 디스 쎄러데이

Jim : **Oh, are you? Then, what about Friday afternoon?**
오우, 알 유? 덴, 왓 어바웃 프라이데이 에프터눈

Chul-su : **That'll be fine.**
댓윌 비 파인

Jim : **I'll pick you up at the entrance of your hotel at two.**
아윌 픽 유 압 엣 디 엔터런스 오브 유어 호우텔 엣 투

철수 : 가까운 날에 뵙고 싶습니다.
짐 : **How long are you staying here?**
철수 : 이번 주 토요일에 떠납니다.
짐 : 아, 그래요? 그러면 금요일 오후는 어떻습니까?
철수 : 좋습니다.
짐 : 2시에 묵고 있는 호텔 현관으로 모시러 가겠습니다.

● **How long is this box?** (이 상자는 길이가 얼마입니까?)

오른쪽 그림을 보고 응용해 보자.

- **How long** is this box? 〈길이〉
  It's 20 centimeters long. 20센티미터입니다.
- **How wide** is this box? 〈너비〉
  It's 15 centimeters wide. 15센티미터입니다.
- **How high** is this box? 〈높이〉
  It's 2 centimeters high. 2센티미터입니다.

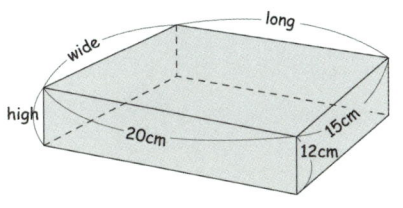

Pattern 097

How much ~?

~은 얼마입니까?

how much는 '값'을 물을 때 사용한다. 그러므로 쇼핑할 때 꼭 필요한 필수 패턴이다. 여러 말 필요없이 그냥 How much?만으로도 충분하다. 세관에서 How much won do you have? (원화를 얼마나 가지고 있습니까?)라고 물으면 I have ~ won.이라 하면 된다. How much would you like? (얼마나 필요합니까?)는 '양'을 묻는 것이므로 One pound, please.(1파운드 주세요.) / Just a little bit, please.(조금만 주세요.) 등으로 대답한다.

Step 1 기본 문장

How much 하우 머취
얼마입니까?

is the fare? 이즈 더 페어
요금은

Step 2 패턴 훈련

이 다이아몬드는 **얼마입니까**?
How much is this diamond?
하우 머취 이즈 디스 다이어먼드

그 넥타이는 **얼마였습니까**?
How much was the tie?
하우 머취 워즈 더 타이

몇 원을 가지고 있습니까?
How much won do you have?
하우 머취 원 두 유 해브

얼마가 필요하십니까?
How much would you like?
하우 머취 우쥬 라잌

얼마나 주문했습니까?
How much did you order?
하우 머취 디쥬 오-더

이발소에서

Chul-su : **A haircut and shave, please.**
어 헤어컷 앤 쉐이브 플리이스

Barber : **Yes, sir. How would you like to have your hair trimmed?**
옛서. 하우 우쥬 라잌 투 해브 유어 헤어 트림드

Chul-su : **Not too long and not too short.**
낫 투 롱 앤 낫 투 숏

Barber : **Well, we're finished now. How do you like it?**
웰, 위어 피니쉬드 나우. 하우 두 유 라잌 잇

Chul-su : **It looks very nice. 얼마입니까?**
잇 룩스 베리 나이스. 하우 머취 두 아이 오우 유

Barber : **Twelve dollars and forty cents, sir.**
투엘브 달러즈 앤 포티 센츠, 써

Chul-su : **Here you are. Please keep the change.**
히얼 유 알. 플리이스 킾 더 체인쥐

철수	:	이발과 면도를 부탁합니다.
이발사	:	네, 손님. 머리를 어떻게 다듬어 드릴까요?
철수	:	너무 길거나 짧지 않게 해 주세요.
이발사	:	자, 다 끝났습니다. 마음에 드십니까?
철수	:	좋습니다. **How much do I owe you?**
이발사	:	12달러 40센트입니다.
철수	:	여기 있습니다. 잔돈은 가지세요.

Tips

● 값을 묻는 여러 표현

· How much is the bill[check]? = What are the charges?
'얼마예요?'에 해당하는 표현으로 여기서 **bill**은 계산서를 의미한다.

· How much do I owe you? (얼마를 드려야 하죠?)
위의 표현과 의미는 거의 같지만 좀 더 스스럼없는 표현이다.

· What's the damage? (얼마면 되죠? / 얼마 나왔어요?)

243

Pattern 098

How many ~ …?

얼마나 ~합니까?

값이나 양을 물어볼 땐 How much를 사용하고, 수를 물어볼 땐 How many를 사용한다.
How many eggs do you want? (계란을 몇 개 드시겠습니까?)
One egg, please.(계란 1개 부탁합니다.) 등으로 대답하면 된다.
How many eggs?로 간단하게 묻는다면 대답 역시 간단하게 해도 된다.
One, please. (1개입니다.)

Step 1 기본 문장

How many
하우 매니

people are there?
피플 아 데얼

얼마나 많습니까?   거기에 사람은

Step 2 패턴 훈련

계란을 **몇 개** 원하십니까?
How many eggs do you want?
하우 매니 에그즈 두 유 원트

도너츠를 **몇 개** 원하십니까?
How many donuts do you want?
하우 매니 도우넛츠 두 유 원트

펜이 **몇 개** 필요하십니까?
How many pens do you need?
하우 매니 펜즈 두 유 니드

사진을 **몇 장** 찍었습니까?
How many pictures did you take?
하우 매니 픽쳐스 디쥬 테잌

형제가 **몇 명**입니까?
How many brothers do you have?
하우 매니 브라더즈 두 유 햅

244

Step 3 회화 연습

여행안내소에서

Sunsil : **I want to make a trip to see the fall colors.**
아이 원 투 메이크 어 트립 투 씨 더 풜 컬러즈

Can you recommend a good place?
캔 유 리컴맨드 어 굿 플레이스

Clerk : 얼마나 머무실 예정인가요?
하우 매니 데이즈 두 유 원 투 스펜드

Sunsil : **An overnight trip.**
언 오우버나잇 트립

Clerk : **I see. What about the suburbs of Boston?**
아이 씨. 왓 어바웃 더 서버-르브즈 오브 보스턴

It's about a four-hour drive from here.
잇츠 어바웃 어 풔 아워 드라이브 프럼 히얼

I bet you could enjoy the wonderful fall colors there.
아이 벳 유 쿳 인죠이 더 원더펄 풜 컬러즈 데얼

선실 : 단풍 구경을 하고 싶습니다. 어디 좋은 곳이 있습니까?
직원 : **How many days do you want to spend?**
선실 : 1박 여행입니다.
직원 : 알겠습니다. 보스톤 근교는 어떻습니까? 여기에서 차로 4시간 정도입니다.
정말로 멋진 단풍을 볼 수 있습니다.

> **Tips**
>
> ● **how many와 how much**
>
> how many는 수를, how much는 양을 묻는 표현이다.
> **How many** people were there in the meeting? (모임에 몇 명 참석했습니까?) 〈수〉
> **How much** money do you have? (돈을 얼마나 가지고 있어요?) 〈양〉

Pattern 099

학습일

How ~?

~는 어떻습니까?

How does it feel?은 '어떤 느낌입니까?' 라는 의미로 옷 등을 입어 보았을 때 듣게 되는 말이다. 좋으면, **It fits perfectly.**(잘 맞습니다.) 잘 맞지 않거나 마음에 들지 않는다면 다음과 같이 말한다. **It's a little tight around here.**(여기가 좀 낍니다.) / **Make the sleeves little shorter.**(소매를 좀 줄여 주세요.)

 Step 1 기본 문장

How	**does it feel?**
하우	더즈 잇 필
~는 어떻습니까?	기분이

 **Step 2 패턴 훈련**

어떻습니까?
How would you like it?
하우 우쥬 라익 잇

어떻게 해드릴까요?
How would you like it done?
하우 우쥬 라익 잇 단

어땠습니까? / 마음에 드셨습니까?
How did you like it?
하우 디 유 라익 잇

어떻게 다음 토요일을 보낼 예정입니까?
How will you spend next Saturday?
하우 윌 유 스펜드 넥스트 쎄러데이

어떻게 (머리를) 잘라 드릴까요?
How do you want it cut?
하우 두 유 원ㅌ 잇 컷

문방구에서

Chul-su : **Show me that fountainpen.**
쇼우 미 댓 파운틴펜

Clerk : **Do you mean this one, sir?**
두 유 민 디스 원, 써

Chul-su : **Yes. Can I try it?**
예스. 캔 아이 트라이 잇

Clerk : **Sure. … 어떠세요?**
슈어. 하우 두 유 라잌 잇

Chul-su : **Very good. I'll take it. How much is it?**
베리 굿. 아윌 테잌 잇. 하우 머취 이즈 잇

Clerk : **Fifty-two dollars and sixty-nine cents, including tax.**
피프티 투 달러즈 앤 식스티 나인 센츠, 인쿨루딩 택스

철수 : 저 만년필을 보여 주세요.
점원 : 이것 말입니까, 손님?
철수 : 네. 써봐도 됩니까?
점원 : 그럼요. How do you like it?
철수 : 매우 좋습니다. 이걸로 사겠습니다. 얼마입니까?
점원 : 세금 포함해서 52달러 69센트입니다.

Tips

● **How would you like it done?** (어떻게 해드릴까요?)
비프스테이크를 주문했을 때, 그것의 굽는 정도를 어떻게 할지 묻는 것이다.
Medium, please. (미디엄으로 해 주세요.)
Rare, please. (레어로 부탁합니다.)
Medium-rare, please. (미디엄-레어로 부탁합니다.)
Well-done, please. (웰-던으로)

Pattern 100

How about ~?

~는 어떻습니까?

How about ~은 '~는 어떻습니까? / ~ 하는 게 어때요? / ~에 대해 어떻게 생각합니까?'라고 물을 때 쓰는 표현으로 주로 How about + 동사-ing? 패턴으로 쓴다. 동사-ing 대신 문장이 올 때도 있는데 How about + 주어 + 동사? 패턴일 때는 '주어가 ~하는 게 어떻습니까?'라고 묻는 것이다. How about + 동사-ing? 패턴은 What about + 동사-ing? 패턴으로 바꿀 수 있다.

 Step 1 기본 문장

How about	having lunch with us?
하우 어바웃	해빙 런치 위드 어스
~는 게 어때요?	우리와 함께 점심 먹는

 **Step 2 패턴 훈련**

우리가 가는 게 어때요?
How about we go?
하우 어바웃 위 고우

공원에 가는 게 어때요?
How about going to the park?
하우 어바웃 고잉 투 더 팍

커피 한 잔 어때요?
How about a cup of coffee?
하우 어바웃 어 컵 오브 커피

7시에 만나는 게 어때요?
How about meeting at seven?
하우 어바웃 미팅 엣 세븐

테니스 한 게임 어때요?
How about a game of tennis?
하우 어바웃 어 게임 오브 테니스

 **Step 3 회화 연습**

사무실에서

Chul-su : **What time is it now?**
왓 타임 이즈 잇 나우

Ann : **It's almost time for lunch.**
잇츠 올모스트 타임 풔 런치

Chul-su : 우리와 함께 점심 먹는 게 어때요?
하우 어바웃 해빙 런치 위드 어스

Ann : **All right, I'll come.**
올 라잇, 아윌 컴

철수 : 몇 시에요?
앤 : 점심시간이 다 되었어요.
철수 : **How about having lunch with us?**
앤 : 좋아요, 가죠.

● **How about it?과 How is it?**
둘 다 우리말로는 '그건 어때?'라고 해석할 수 있는데 미묘하게 뜻이 다르다.
How about it?은 물건을 고르고 있는 중이거나 음식점에서 메뉴를 보며 뭘 먹을지 선택하는 동안, 또는 어떤 일을 할 것인지 선택하는 과정 등에서 상대방에게 의견을 물어보는 것이다. 예를 들면 매장에서 옷을 집어 들고 상대에게 **How about it?**(이거 어때?)하고 묻는 것이다.
반면에 **How is it?**은 물건을 사고 난 후나 음식을 주문한 후처럼 이미 정해진 상황에서 상대에게 의견이 어떠냐고 묻는 것이다. 예를 들면 새 차를 산 친구에게 **How is it?**(그 차 어때?)하고 묻는 것이다. 대답은 아마도 **It's just perfect.**(아주 완벽해.)일 게 뻔하지만!

Review

다음 패턴을 이용해 문장을 만들어 보세요.

How long ~? 얼마나 ~걸립니까?	How much ~? ~은 얼마입니까?
How many ~ …? 얼마나 ~합니까?	How ~? ~는 어떻습니까?
How about ~? ~는 어떻습니까?	

☐ 저 스키는 (길이가) **얼마입니까**?

☐ 우리가 가**는 게 어때요**?

☐ 이 상자는 (길이가) **얼마입니까**?

☐ 택시로 힐튼까지 (시간이) **얼마나 걸립니까**?

☐ **어떻게** 해드릴까요?

☐ 공원까지 걸어서 (시간이) **얼마나 걸립니까**?

☐ 그곳까지 버스로 (시간이) **얼마나 걸립니까**?

☐ 이 다이아몬드는 **얼마입니까**?

☐ **어떻게** 다음 토요일을 보낼 예정입니까?

☐ 그 넥타이는 **얼마였습니까**?

☐ 공원 가**는 게 어때요**?

Pattern 096~100 복습

☐ **얼마가** 필요하십니까?

☐ 7시에 만나**는 게 어때요**?

☐ 계란을 **몇 개** 원**하십니까**?

☐ 펜이 **몇 개** 필요**하십니까**?

☐ 사진을 **몇 장** 찍었**습니까**?

☐ **몇** 원을 가지고 있습니까?

☐ **어떻**습니까?

☐ **어떻게** (머리를) 잘라 드릴까요?

☐ 형제가 **몇 명입니까**?

☐ 도너츠를 **몇 개** 원**하십니까**?

☐ **얼마나** 주문했습니까?

☐ 커피 한 잔 **어때요**?

☐ **어땠**습니까? / 마음에 드셨습니까?

☐ 테니스 한 게임 **어때요**?

기본문장

001. 저는 앨리스입니다.
I'm Alice.

002. 저는 목이 마릅니다.
I'm thirsty.

003. 당신은 박 선생님입니까?
Are you Mr. Park?

004. 낮잠 자고 있어요?
Are you taking a nap?

005. 저는 한국에서 왔습니다.
I'm from Korea.

006. 이것은 제 가방입니다.
This is my suitcase.

007. 저는 사전을 가지고 있습니다.
I have a dictionary.

008. 저는 열이 있습니다.
I have a fever.

009. 저는 스테이크를 먹겠습니다.
I'll have a stake.

010. 물을 주시겠습니까?
Can I have some water?

011. 컴퓨터를 가지고 있습니까?
Do you have a computer?

012. 립스틱은 있습니까? 〈상점에서〉
Do you have any lipsticks?

013. 청량음료는 있습니까?
Do you have any soft drinks?

014. 목걸이를 주세요.
I want a necklace.

015. 잔돈을 좀 주세요.
I'd like some change.

016. 프라이드치킨을 주세요.
I'd like some fried chicken.

017. 저는 이 소포를 한국으로 보내고 싶습니다.
I'd like to send these parcels to Korea.

018. 저는 한국, 서울로 전화하고 싶습니다.
I'd like to make a call to Seoul, Korea.

019. 저는 택시를 타고 싶습니다.
I want to take a taxi.

020. 춤 추고 싶어요.
I want to dance.

021. 당신의 도움이 필요합니다.
I need your help.

022. 난 좀 쉬어야 해요.
I need to take a rest.

023. 난 가야 해요.
I have to go.

024. 저는 삶은 달걀을 좋아합니다.
I like boiled eggs.

025. 저는 베이컨을 좋아하지 않습니다.
I don't like bacon.

026. 저는 영어를 못합니다.
I don't speak English.

027. 잠깐 기다려 주시겠습니까?
Could you wait a minute, please?

028. 카네기 홀로 가는 길을 가르쳐 주시겠습니까?
Could you tell me the way to Carnegie Hall?

029. 도로 지도를 주시겠습니까?
Could I have a road map?

030. 음료수 한 잔 드시겠습니까?
Would you like a drink?

031. 소금을 건네주시겠습니까?
Would you pass me the salt?

032. 런던 브리지를 보고 싶습니까?
Would you like to see the London Bridge?

033. 들어가도 됩니까?
May I come in?

034. 이 상자를 열어도 됩니까?
May I open this box?

035. 내일 박물관을 방문할 수 있습니까?
Can I visit the museum tomorrow?

036. 내게 전화해 줄 수 있어요?
Can you call me?

037. 저는 영어를 할 수 있습니다.
I can speak English.

038. 여행 가방을 찾을 수 없습니다.
I can't find my suitcase.

039. 저는 김입니다. 〈전화에서〉
This is Mrs. Kim speaking.

040. 이 파이는 맛있습니다.
This pie is delicious.

041. 그것은 제 것입니다.
That is mine.

042. 이것은 면세입니까?
Is this tax-free?

043. 이 물은 마실 수 있습니까?
Is this water drinkable?

044. 이것은 애틀랜타 행 버스가 맞습니까?
Is this the right bus for Atlanta?

045. 이 버스는 센트럴 역에 갑니까?
Does this bus go to Central Station?

046. 그것은 내 자리입니다.
It is my seat.

047. 7시입니까?
Is it 7 o'clock?

048. 책이 한 권 있습니다.
There is a book.

049. 수건이 없습니다.
There's no towel.

050. 시간이 없습니다.
There's no time.

051. 이 근처에 버스 정류장이 있습니까?
Is there a bus stop near here?

052. 특별석이 있습니까?
Are there any boxes?

053. 오늘은 화요일입니까?
Is it Tuesday today?

054. 오늘은 6월 23일입니까?
Is it June 23rd today?

055. 날씨가 덥습니다.
It's hot.

056. 좋은 날씨죠?
It's a fine day, isn't it?

057. 가슴둘레가 좀 큽니다.
It's a little big around the bust.

058. 제 방 번호는 1203입니다.
My room number is 1203.

059. 욕실이 더럽습니다.
The bathroom is dirty.

060. 저는 약국을 찾고 있습니다.
I'm looking for a drugstore.

061. 저것을 보여 주세요.
Show me that, please.

062. 함께 노래합시다.
Let's sing together.

063. 제가 도와드리겠습니다.
Let me help you.

064. 돌아오겠습니다.
I'll be back.

065. 저는 파리에 갈 겁니다.
I'm going to Paris.

066. 너무 비쌉니다.
It's too expensive for me.

067. 말을 하니까 좋습니다.
It's good to talk.

068. 기다리는 게 더 낫습니다.
It's better to wait.

069. 일어날 시간입니다.
It's time to get up.

070. 이것을 입어보시겠습니까?
Will you try it on?

071. 우리와 함께 하지 않겠습니까?
Won't you join us?

072. 한국요리 좋아합니까?
Do you like Korean food?

073. 김치를 좋아하지 않습니까?
Do you think this blouse suits me?

074. 모든 걸 신고해야 합니까?
Do I have to declare everything?

075. 모든 걸 신고해야 합니까?
Do I have to declare everything?

076. 저 남자는 누구입니까?
Who is that man?

077. 누굴 찾습니까? 〈전화에서〉
Who are you calling?

078. 저것은 누구의 기념비입니까?
Whose monument is that?

079. 저 건물은 무엇입니까?
What is that building?

080. 무엇을 드시겠습니까?
What will you have?

081. 어떤 드레스가 좋겠습니까?
What dress would you like?

082. 이 버스는 시카고에 몇 시에 도착합니까?
What time does this bus arrive in Chicago?

083. 무슨 일입니까?
What did you do?

084. 언제 방문하면 좋겠습니까?
When can I come?

085. 언제 경기가 시작합니까?
When does the game start?

086. 언제 출발할 겁니까?
When are you going to leave?

087. 홍차와 커피 중 어느 것으로 하겠습니까?
Which will you have, tea or coffee?

088. 고기와 생선 중 어느 것을 더 좋아합니까?
Which do you like better, meat or fish?

089. 해안은 어느 쪽 길입니까?
Which way is the coast?

090. 런던의 어디로 갈 겁니까?
Which part of London are you going to?

091. 뉴욕에 가려면 어느 열차를 타면 됩니까?
Which train do I take for New York?

092. 관광 안내소는 어디에 있습니까?
Where's the tourist information office?

093. 어디에 앉을 수 있습니까?
Where can I sit?

094. 어디에서 전화를 걸고 있습니까?
Where are you calling from?

095. 어떻게 거기에 갈 수 있습니까?
How can I get there?

096. 얼마나 체재합니까?
How long are you staying?

097. 요금은 얼마입니까?
How much is the fare?

098. 100달러로 몇 병을 살 수 있습니까?
How many bottles could I buy for 100 dollars?

099. 기분이 어떻습니까?
How does it feel?

100. 우리와 함께 점심 먹는 게 어때요?
How about having lunch with us?